錢穆先生全集

錢穆先生全集

［新校本］

從中國歷史來看中國民族性及中國文化

九州出版社

圖書在版編目（CIP）數據

從中國歷史來看中國民族性及中國文化 / 錢穆著. -- 北京：九州出版社，2011.7（2023.6 重印）
（錢穆先生全集）
ISBN 978-7-5108-0979-8

Ⅰ. ①從… Ⅱ. ①錢… Ⅲ. ①民族性 - 研究 - 中國②中華文化 - 研究
Ⅳ. ① C955.2 ② G12

中國版本圖書館 CIP 數據核字（2011）第 086427 號

從中國歷史來看中國民族性及中國文化

作　　者　錢　穆　著
責任編輯　孫紅梅　方　理
出版發行　九州出版社
裝幀設計　陸智昌　張萬興
地　　址　北京市西城區阜外大街甲 35 號
郵　　編　100037
發行電話　（010）68992190/3/5/6
網　　址　www.jiuzhoupress.com
印　　刷　三河市東方印刷有限公司
開　　本　635 毫米 × 970 毫米　16 開
插頁印張　0.5
印　　張　10
字　　數　113 千字
版　　次　2011 年 7 月第 1 版
印　　次　2023 年 6 月第 3 次印刷
書　　號　ISBN 978-7-5108-0979-8
定　　價　46.00 元

版權所有　侵權必究

錢穆先生

錢穆先生印·賓四

新校本說明

錢穆先生全集，在臺灣經由錢賓四先生全集編輯委員會整理編輯而成，臺灣聯經出版事業公司一九九八年以「錢賓四先生全集」為題出版。作為海峽兩岸出版交流中心籌劃引進的重要項目，這次出版，對原版本進行了重排新校，訂正文中體例、格式、標號、文字等方面存在的疏誤。至於錢穆先生全集的內容以及錢賓四先生全集編輯委員會的注解說明等，新校本保留原貌。

九州出版社

出版說明

一九七八*年，香港中文大學新亞書院成立一學術講座，定名「錢賓四先生學術講座」，每年邀請中外傑出學人一位蒞港講學，以廣切磋啟導之益。先生為新亞書院創辦人兼首任校長，講座既以先生之名為紀念，第一次講座因即敦請先生任之。是年十月，先生遂自臺北赴港，以三週時間作連續六次之公開講演，集講稿成此一書。時先生已高齡八十六矣，蓋亦難得之盛事也。

此書仍繼續早年中國文化史導論之精神，主旨在通過中國歷史，經由中西比較，求對中國之民族性有更明白之認識，並能對中國民族所展演之文化有更深切之體認與珍重。書名定為「從中國歷史來看中國民族性及中國文化」，先生自謂「此實余近三十年嚮學一總題」。六講之中，二至四講，分別講中國人之性格、行為、思想，易言之，即從人生之三方面切入以論中國人。第五講則講中國人之文化結構，指明中國文化之特殊趨向。末講則深望於中國之新「士」，能在歷史舊傳統上加入時代新精

*新校本編者注：原文為「民國」紀年。下同。

神，以開創國家民族之新機。情深意厚，信可使聽者、讀者皆有以振起。

是書一九七九年八月由香港中文大學邀請出版，由臺北聯經出版事業公司刊行。今值整理先生著作編為全集，爰依例增入書名號、私名號及重點引號，以利閱讀。整理有未盡善之處，敬希讀者指正。

本書之整理，由洪素年小姐負責。

錢賓四先生全集編輯委員會　謹識

目次

附錄

序一

一九七七年之夏，金耀基院長自香港來臺，訪余於士林外雙溪素書樓寓廬。是為余兩人初次之相識。耀基告余，擬為新亞創辦一「學術文化講座」，即以余名名之。邀余作首次講座之講演。謂此講座，當每年舉辦一次，廣邀中外學人，集多方意見；庶可資號召，提興趣，漸成風氣，鼓舞研討。或亦有當於當年新亞建校之宗旨。儻余贊同，彼返港後擬即設法籌募款項，作為基金。俟有成績，再以相告。此事創始雖微，積久或可得巨效。耀基言辭懇切，余漫允之。不數月，耀基來信，籌款已有頭緒，決於翌年秋正式舉辦。乃余於一九七八年初春，忽嬰眼疾，逐時加深，不能見字，即報紙上大標題亦模糊不能辨。然念耀基誠摯之意，初亦謂尚有十月之隔，或可臨時小愈。耀基亦堅請，告余：臨時如不能親自出席，亦當由余任首講，邀人代讀一論文即可。余終亦無以拒之。卒於是年十月赴港，以一月之期，分作六次講演。僅就余平日積存胸中之素念，稍分層次，略抒梗概。事後乃根據當場錄音，粗加整理，再交耀基由校方付印，即今出版之此稿是也。余每念：初辦新亞時，赤手空拳，曾無絲毫之憑藉；乃蒙校內外各方共襄艱難，使新亞獲有今日之成就。今耀基創始此一偉大之構想，而余竟亦以盲眼空腹，謬膺其最先之第一講，正與余往年之始創新亞同其輕率。幸耀基不怠不倦，此稿問世，耀基已續聘英國李約瑟教授來為此講座之第二講。此下逐年規劃，按期有人來賡續此講座，焉知不蔚成巨觀，乃與新亞同躋於日新又新，而有其無量之前途。耀基又來書，囑余於此稿付印前加為一序。余除自陳其內心之慚疚外，特於耀基對此一事之擘劃經營，深思密慮，有其無窮之盼望焉。爰又不辭而序之。

一九七九年五月二日錢穆序，時年八十有五。寫此稿時，寫第二字即不識上面第一字。不文之處，幸讀者諒之。

序二

中國人及中國，歷史悠久，文化深厚，至今舉世莫與倫比。司馬遷史記始五帝本紀之黃帝，約略推計，已逾四千六百年。若據周易繫辭傳，黃帝前有神農、庖犧，當亦五六百年。更不計莊子所言燧人氏、有巢氏等。中國人在此亞洲東部一塊土地上，自狹小漸躋廣大，自寡少漸臻眾多，緜延五六千年；可稱創建了一代表性的民族國家，一線相承。其間縱有不斷變化，要之，能自成一天下，自有一傳統，屹立常在，堪謂舉世人類一奇蹟。

除東亞外，尚有西歐，異軍特起。論其歷史文化，乃與東亞中國差堪匹敵。乃雙方接觸少，各自發展，不相關涉。直到最近五百年來，西歐勢力逐步震撼了全世界，而東亞亦受其影響。

中國人及中國，雖自古獨立成長，在其自所占有之天下中，自生自育。然其人富敏感性，虛衷好學。凡所遭遇，莫不以其誠摯之同情心，和平之同化力，力求變異為同，化敵為友。史證明顯，不煩縷述。遠自明末利瑪竇東來，中國學人與其交往，如徐光啟等，即亦深受浸染。惟惜明、清易代，此風不繼。直到清乾隆末，其時中國社會正值盛極而衰，久安思變。而西歐勢力則日益強大，威鋒迫人。魏源默深著海國圖志，及代賀長齡纂經世文編，一面注意國外形勢，一面注意國內政治變革；正可透露出清代嘉、道以下知識分子學術思想轉入新途，以求因應之一新趨嚮。

而不久洪秀全、楊秀清崛起，憑藉耶教，煽動愚民。洪秀全自稱「天弟」，奉耶穌為「天兄」，創建太平天國；所至焚燬孔廟，盛唱女權，興辦新科舉，政治、文化兼求革命。後人雖稱之為開此下民族革命之先河，其實洪、楊以專崇西化、打倒中國傳統為其起腳點，於是激起了曾國藩、胡林翼、江忠源、羅澤南一輩舊式知識分子之義憤，起而反抗。湘軍之眞精神、眞動機，實為保衛民族文化，抵禦西化侵入。而滿清政權，遂亦得苟延其殘喘。

眞正之民族革命則端自辛亥始。孫中山先生之「三民主義」，首曰「民族主義」，遠溯文化傳統，直自堯、舜、禹、湯、文、武、周公、孔子以來。此與洪秀全之天兄、天弟之號召，既絕相違異；亦與一輩專以中山先生比擬之於美國華盛頓者，仍有徑庭。華盛頓美國革命乃「爭民主自由」，而孫中山先生之辛亥革命乃「尊民族傳統」。故在革命前，以排除滿清為目標；革命後，則以「五族共和」為幟志。此非甚深體會於吾中華民族歷史文化大傳統之精義所在者，莫能知。而中山先生「知難行易」之一套哲學，尤當為國人所深細體悟。否則亦將不能上承中山先生之遺志。

民國創建以來已近七十年，而國步杌隉，違離初志益遠。幾於今不如昔，人有同感。一方面固是牽於外患，而另一方面實多發自內亂。不僅對外維艱，實亦對內無方。竊謂今日我中國人自救之道，實應新、舊知識兼採並用，相輔相成，始得有濟。一面在順應世界新潮流，廣收新世界知識以資對付；一面亦當於自己歷史文化傳統使中國之成其為中國之根本基礎，及其特有個性，反身求之，有一番自我之認識。然後能因病求藥，對症下方。印度人當求印度人之如何自救，阿拉伯人當求阿拉伯人之如何自救，即在西歐英、法、德、意、比、荷、西、葡，乃及其他諸邦，若求各有改進，亦各有其自我傳統，即各有其對治良方。甚至如美國移民四百年，立國二百年，自有其天地，自有其環境，已遠與其祖國英倫相異；然而其文化傳統，立國精神，亦尚不能不認其淵源之自來。若果自我迷失，豈有不得其體乃能見其病，而有海外異方可資救治之理？

民初以來之「新文化運動」，誤認為我自己固有舊傳統與海外新潮流一若水火之不相容，冰炭之不共存；非破除一分舊，即開不出一分新。一面高倡「打倒孔家店」，一面又叫「全盤西化」。提倡西化，為求自救。果使西化與自我敵體對立，則用藥即以自殺，復何良醫足云？

自新文化運動中轉出共產運動，至其尊奉馬、恩、列、史，則與洪、楊之尊天父、天兄何異？惟宗教尚屬世界性，尊奉馬、列則顯屬西化。至其得操政權以來，亦已三十年；摧殘破壞可謂已不遺餘力。而中國人之舊傳統、舊習慣、舊性情、舊風俗，依然尚存；當感破除之不易。及今則國將不國，人將無生，尚何「共產」之可期？

余幼孤失學，弱冠即依鄉鎮小學教讀為生。然於當時新文化運動，一字、一句、一言、一辭，亦曾悉心以求。乃反而尋之古籍，始知主張新文化運動者，實於自己舊文化認識不真。如當時競謂中國乃一「封建社會」，然秦以下中國既非封建，即夏、商、周三代史籍可考者，亦與西方中古時期之封建社會迴不相侔。又當時競謂中國自秦以下乃一「君主專制政體」，然遍考之二十五史、三通諸書，中國自秦以下，最少亦當稱其為是「君主立憲」，決非「君主專制」，否則一切典章制度均將無可解釋。又當時人競慕西方史上之「文藝復興」，實則西方之所謂文藝復興，亦僅以歷史回顧來代替了其宗教嚮往。今日國人方競以好古守舊自詈。中國文化中亦並無一普遍歷久之共同宗教，而今日之崇尚西化，則已儼成一宗教。所謂期求文藝復興，亦只期求西化而止，復何所謂「復興」？迷失了自己，而求復興，則中國古籍一番舊知識顯不可棄。此特舉其犖犖大者。要之，中國人與西方人各自走了一段歷史路程，難可一一相比。故欲從西方史來認識中國人，則必將面目全非，而亦更無性情、精神之可言。

余於抗戰前期，即寫了一部國史大綱，用意即在從歷史求國人對自我之認識。其後越兩年，又繼續寫了一部中國文化史導論，即求從政治史轉向文化史，來求國人能對自我作更深一層之認識。自避共禍，逃亡香港，又在臺北有文化學大義一講演集。繼此後有文化與教育、民族與文化、中華文化十二講、中國文化精神，及中國文化叢談、世界局勢與中國文化諸書之編集。最近又有歷史文化叢談一書。自有文化史導論以來，迄今亦閲三十餘年矣，然求對中國文化能有一深切之認識與夫一概括之敍述，其事實不易；亦惟盡心力以求之而已。至其賡續對史學方面有所撰述，此不再詳。

去年冬，曾應香港中文大學新亞書院之邀，去作講演六次，根據錄音寫成此集。講法又略有不同，而大意則一仍舊貫。所根據盡皆舊材料、舊知識，然於國人回頭認識自我，求對我中國之舊傳統、舊精神稍有瞭解；或於此下尋求開新自救之道有所助益。則誠生平懇切以求之一大希望所在。知我罪我，斯在讀者。

一九七九年六月錢穆於外雙溪素書樓

一　引言

一

諸位先生，諸位同學：今天我能在這樣一個場合中來講話，自己感到非常愉快，非常興奮。金院長在去年拿他要為新亞創辦一「學術文化講座」的決心告訴我，並要我來作第一次的講演，我當時就答應了。不料我從今年陽曆年開始，身體不好，病了八個月。而特別是我的兩個眼睛，不能看字，也不能看人。因此我這一年來，沒有看過一本書，甚至連每天的報紙都不能看。這次我來講，只是我平日積在心中的幾多話，是我個人一向來的一番意見，並不能算是一次嚴格的學術講演，要請諸位原諒。

我們一個人怎麼樣做人，怎麼樣做學問，怎麼樣做事業，我認為應該有一個共同的基本條件，就是我們一定先要認識我們的時代。我們生在今天這個時代，我們就應該在今天的時代中來做人、做學問、做事業。大部分的人不能認識時代，只能追隨時代，跟著這個時代跑。這一種追隨時代，跟著時代往前跑的，這是一般的群眾。依照中國人的話來講，即是一種流俗。每一個時代應該有它一個理想，由一批理想所需要的人物，來研究理想所需要的學術，幹出理想所需要的事業，來領導此社會，此社會纔能有進步。否則不認識這個時代，不能朝向這個理想的標準來向前，此即是流俗。流俗又如何能來領導此社會？所以每一個時代，不愁沒有追隨此時代的流俗，而時代所需要的，則是能領導此時代的人物、學術與事業。

但這種人物、學術、事業，在同一時代中，可以是各式各樣的，可以是多采多姿的，並不是清一色的摩登，一蓬風的潮流。甚至於同一時代中，可以有正相反的兩方面人物、事業、學術，而同樣是這一個時代所可有的最高的標準。這像是很奇怪。我可以舉出中國歷史上人人皆知的一兩個例來說。

在中國上古三代的周朝，周武王、周公興兵伐商紂。商朝亡了，周朝興起。這不是配合時代理想的一件大事嗎？而當時竟有伯夷、叔齊兄弟兩人出來反對。在武王行軍途中，伯夷、叔齊突然搶出，叩馬而諫，勸武王不要做這件事。周武王沒有認眞，把伯夷、叔齊放了。周朝得了天下，伯夷、叔齊恥食周粟，隱於首陽山，采薇而食，終於餓死。伯夷、叔齊的意見，不是站在與武王、周公成為對立正相反的兩方面嗎？後來孔子他最崇拜周公，亦從不曾反對過周武王之伐紂，但卻同時亦稱道伯夷、叔齊，謂是「古之賢人」，「求仁而得仁」。則孔子雖不把周公、伯夷同稱為聖人，而伯夷還是一賢人；而且孔子最看重一「仁」字，說伯夷「求仁而得仁」，這可見在孔子心中伯夷的地位了。至於周武王伐紂，救天下生民於塗炭，本亦仁義之師。但用兵決非人群大道之最高理想，所以孔子推尊堯舜禪讓猶在湯武革命之上。而伯夷、叔齊崇讓不崇爭，孔子則稱之為求仁得仁了。

到了孟子，他極端推崇孔子，推崇周公。但他又另舉出伊尹、伯夷、柳下惠為古代三聖人，稱伯夷為「聖之清者」。下邊到了漢朝，司馬遷作史記，七十列傳第一篇就是伯夷。我們可以說，中國四千年來的歷史，在二十五史的列傳中，被推為第一人物的，便是伯夷。以後到唐朝，韓昌黎特別寫了一篇伯夷頌，稱讚伯夷說：「特立獨行，窮天地、亙萬世而不顧。」

可見每一時代需要有領導人物，但同時亦需要有反對人物。其實領導與反對還是針對着同一事，而反對只是要來作另一種領導。武王、周公起來反對商紂，伯夷、叔齊起來反對武王、周公，則反對豈不亦是一種領導嗎？因此伯夷與周公同樣受到後代的重視。

直到今天，我們沒有人反對周公，亦沒有人反對伯夷。我們要提倡革命，我們要轉變時代，要求改進，反對消極；而伯夷則像是一消極者，但亦沒有人反對。抑且伯夷的地位，在後代人心中，似乎更駕周公而上之。這裏邊有一個很深的意義，值得我們深思。

我再舉一個例。北宋有王荊公、司馬溫公，同時同等的負有社會之重望，王荊公是一位經學家，司馬溫公是一位史學家。拿今天的話來講，王荊公是一個理想主義者，喜歡講古代，講堯舜；司馬溫公是一個經驗主義者，喜歡講近代，講漢唐。所以王荊公有三經新義，司馬溫公有資治通鑑。他們進入政府後，王荊公是革新派的領袖，司馬溫公是守舊派的領袖。新舊黨的衝突，以至於北宋之亡，然而王荊公、司馬溫公永遠是我們歷史上北宋這個時期兩個最高的代表人物。固然有時有人崇拜司馬溫公，有時有人推尊王荊公，意見不一；然而這兩個人亦可說是站在同一時代正反兩面最高理想的標準人物。這裏邊有一個極大的義理，證明中國人的傳統觀念是一向不偏重在一邊，而亦同時極看重一種反對人物的。

二

可是今天我暫時不想從這一方面來多加發揮，我還是要講「認識時代」這四個字。我們翻開一部中國歷史，就拿我們的二十五史來說，一個時代有一個時代的人物，一個時代有一個時代的學術思想，一個時代有一個時代的事業。周公與伯夷在同一時代，王荊公與司馬溫公又在另一個同一時代，雙方就不能相提並論。兩個時代不同，所產生的人物、學術、事業便各不同。今天我們又是一個新時代來了，我們理想的人物既非伯夷，又非周公，亦非王荊公與司馬溫公。我們要配合我們今天的時代需要，來產生另一批人物與其學術及事業，這是絕對不成問題的。

我們今天要講我們這個時代究竟是甚麼一個時代呢？「時代」這兩個字，好像是代表時間的。我們今天的自然科學講空間，參加進時間，所謂「四度空間」。我們從人文科學來講時間，亦該同樣參加進空間。特別是今天，我們要認識今天我們的時代，必該放大眼光來瞭解今天的世界，不能專限在我們所處中國的一隅來作瞭解。

今天的時代是世界性的，我們不能關著門不認識這個世界，而來瞭解我們自己的時代，這是不可能的。今天的世界又是怎麼一個世界呢？我且說一說我個人的意見。舊世界已去，新世界正在來，這是一個新舊世界正在大轉變的時代。我個人今年是八十四歲，出生在舊世界裏面。恐怕今天在座的聽眾，大多數已經生在舊世界沒落、新世界興起的時間裏。這個變動在那裏呢？第一次世界大戰、第二次世界大戰，是這個世界變動的關鍵所在。

在第一次世界大戰以前，我們所謂的舊世界是甚麼一個世界呢？是歐洲人，或者可以說是西歐人，所領導所宰制的世界。當時宰制整個世界的力量在歐洲，在西歐。此外各地區的人只有兩個可能：一是亡國，一是瓜分。那時康有為寫了兩本書，諸位是新時代的青年或許不注意，我是那時一舊時代的青年，就曾特別注意這兩本書：一是波蘭瓜分記，一是印度滅亡記①。波蘭是在歐洲，但他不是西歐，已經是東歐了。波蘭瓜分了，印度滅亡了，其他不必講了。那麼我們中國呢？中國也逃不出這兩條路：非瓜分，即滅亡。不做印度，就做波蘭。然而中國太大了，西歐列國的帝國主義勢力雖已

① 原注：此兩書康有為曾親呈於光緒皇帝，光緒閱其波蘭一記而感動流涕。戊戌政變後，此兩書遭清廷焚毀，已無傳。頃查康氏萬木草堂叢書目錄，乃波蘭分滅記及突厥衰弱記。余所憶已忘其出處，姑識於此，以待再考。

到了很強盛的時候，沒有一個國家能單獨來滅亡中國，只有大家來共同瓜分，康有為就看到那一個趨勢。澳門被葡萄牙人佔領，香港被英國人佔領，我生的一年，臺灣被日本人佔領；俄國更佔領了我們東北邊境的絕大地區。這就是全國被瓜分的預兆。沒有瓜分全中國，然而瓜分已經開了頭。那麼我們如何來自救呢？這是生在當時的中國人所共同警覺，需要有一批新人才、新學術、新事業出現。孫中山起來革命，康有為主張變法，都是應此時代潮流而產生。

民國開始，第一次世界大戰就來了。第一次世界大戰，不是由被宰制的殖民地起來反抗宰制他們的帝國主義者，而是宰制世界的帝國主義者，就是西歐，他們在自己內訌。沒有其他一個力量來對付西歐，是西歐人在自己對付他們自己。由德國、奧國來對付英國、法國。法國等於是滅亡了，英國也對付不了德國人的力量，幸而出來一個美國。美國本來亦是英國的殖民地。他們獨立以後提倡「門羅主義」，僅求自保，他們尚沒有資格來預問世界大事，那時起來參戰，這已是世界一大變化。

當時美國總統威爾遜就提出了他的十四項原則，中間就包有「殖民地解放」和「民族自決」的主張，那亦可說還是代表著殖民地人的呼聲。果使依照此等主張，那豈不波蘭就該解放，印度就該復國了嗎？他們都可以自治自由了。德國人的力量可以抗衡英法，加進了美國，德國的力量就感不夠。所以他們知道了這些條款，就決意投降了。為什麼？德國也是一個民族，戰爭結束後他們亦可以獲得解放，自決自由，德國還是個德國，他們何樂不為呢？但德國投降了，在法國凡爾賽皇宮開會，威爾遜的主張失敗了，英法不贊成。講和的條款對德國人萬分的壓迫，務使德國人永遠沒有自救的希望。

然而德國人已經投降，亦無可奈何了。

我們中國亦站在英法一面，參加了這次戰爭。戰爭結束了，德國人在以前佔領我們中國山東省的青島，當然該交還。然而凡爾賽和約裏面，把青島轉讓給日本，並把山東一省將來被瓜分的可能性亦轉讓給日本了。這只表示把將來瓜分中國的列強中，德國的一份帝國權益轉讓給日本；至於帝國主義的壓迫，則依然存在。無異是中國人幫助了帝國主義來壓迫自己。於是引起了民國八年北京大學學生的「五四運動」，乃及此下的「新文化運動」；又連帶分出一部分共產主義的運動來。中國的種種大變，從此開始。

三

然而我可以說，究竟第一次世界大戰結束，舊的世界亦開始要結束了。英法帝國主義再不能宰制世界了。本來是英、法、德、俄幾個西方國家，連帶著日本，來瓜分中國。現在歐洲帝國主義的氣焰低落了，日本人就順應此趨勢，想要由他一國來獨吞中國。但日本人這一想法，不僅要對付中國，同時還得要對付英美在太平洋所依然存留著的一份勢力，才能完成他獨吞中國的夢想。於是才有夏威夷的海軍偷襲，日美衝突，引起了太平洋戰爭。這是日本人不認識時代。帝國主義早該結束了，他還要來擴大他的帝國。

而在日美太平洋戰爭前兩年，德國人亦在西方引起大戰。德國人是可原諒的。在第一次世界大戰後，德國人被所訂和約的壓迫，他們要翻身，要民族自救，才有希特勒的納粹運動，不過我們還該責備德國人，他應該反抗英法，但不可發動戰爭。當時英國首相張伯倫，已對德國十分退讓了。德國本可不打仗，還要打仗，過了份。日本人絕不應該打，而要打，這眞萬不可原諒。這就引起了第二次世界大戰。

當時在昆明，北大、清華、南開三所大學所合成的西南聯大，有一些教授們，編一份雜誌，名叫戰國策。他們說，今天的世界就等於中國歷史上的戰國時代。戰國時代有七個大強國，或說九個大強國。而七個、九個中間有兩個，一個是東方的齊國，一個是西方的秦國，特別強大。所以七國皆稱王，齊、秦獨稱帝。後來相次滅亡，獨剩一秦。今天的世界就等於我們古代的戰國，將來的美國、蘇聯就等於戰國時代的齊與秦；惟不知究竟將是美國併吞了蘇聯，抑還是蘇聯併吞了美國，世界才歸於一統。這樣推論，並不能說他們沒有見解。大戰正在進行中，他們已經知道德國、日本要垮的，剩下的是美國和蘇聯。這情勢他們似乎已經猜到了。

但我在當時，並不贊成他們的意見。民國三十一年，我在成都寫了一篇文章，登在一雜誌上，題名戰後的新世界，後來收入我的文化與教育一書中，在重慶出版。當時西南聯大這許多教授，以為此下世界是一將由分而合的，而我則認為此下世界將會由合而分。本來由歐洲人所統治的其他世界各地區各民族，一切人都該逐步解放。帝國主義崩潰了，殖民政策取消了，世界各地舊民族解放，新國家興起；這就成為一由合而分的局面。

我寫此文距今近四十年，今天的世界形勢已給我當年的話做了一個證明。今天的聯合國有不止一百五十個國家，大多是由第二次世界大戰後興起的，豈不是由合而分嗎？大英帝國分了，法蘭西帝國亦分了，當時歐洲所統治的世界現在都分了。若說此世界還將由分而合，試問此將是此下何年代的事？

四

當時的人要為第二次世界大戰定一名稱，因第二次世界大戰與第一次世界大戰不同。第一次世界大戰西方人自己都知道，是他們帝國主義的內訌。可是第二次世界大戰，是由意大利莫索里尼的法西斯，與德國希特勒的納粹，起來打倒英法的民主政治。而日本有一天皇，高踞在他們政府之上，亦不是民主的。當時的歐洲人，認為民主政治是一個天經地義不可改變的政治體制。將來只要有人類，理想標準的政治就是民主政治。而現在是非民主政治和民主政治的戰爭。在近代西方可算是第一次，所以他們要另造一個名稱。不過他們只是依據西方觀點來另造名稱。我是一中國人，要想把中國人觀點來替這次大戰另造一名稱，稱之曰「開闢世界新文化的戰爭」，又稱「新時代戰爭」。新時代來臨，殖民地解放，各處殖民地的舊文化復興，和歐洲文化平等存在，人類社會就會創出此後世界的新文化來，就是由一種文化統治的世界，變而為多種文化共存的世界。我就稱之曰「新文化」「新世界」。此即所謂民族解放、民族自決、民族自由。波蘭還是個波蘭，印度還是個印度，連我們從來不知道的一個海上孤島，一個小地區，今天都變成一個國家了。我請問諸位，這個世界還是美國和蘇聯呢，還是聯合國呢？

我並不贊成當前的聯合國，但此後世界的趨勢要走上聯合國的路。不僅今天的聯合國裏面，美蘇兩大勢力外，還另有以前像印度等國所號召的第三路線，來反對美蘇，採取中立；就算是蘇聯一邊世界主義的共產國家，如東歐的波蘭、捷克、匈牙利、羅馬尼亞、南斯拉夫等，雖一時不能擺脫蘇聯的羈絆，但都心存反對，終必分裂。又如我們中國的共產政權，所謂馬、恩、列、史、毛，毛澤東上面直接史太林與列寧。然而今天大陸同蘇聯亦分了。將來縱使全世界都推行共產主義，我可以這樣斷定一句，決不能合成一蘇聯。倘使全世界都推行自由主義，實行民主政治，我亦可斷言，決不能合成一聯邦的美國。英國人、法國人他們未必都聽美國人的話。我們大陸的共產政權新成立，英法相繼承認，並不曾聽美國人的話。自由世界不聽美國人的話，共產世界不聽蘇聯的話，目前的世界不能夠變成兩個，此下的世界如何又能合成為一個呢？實在今天的世界是解放了，各民族應該可以聽各民族自己的話，這就是我所說的此下新世界的新文化。

在這裏我先補充幾句。在第二次世界大戰結束後，英國的邱吉爾曾說，民主政治並不是一個理想的最完美的政治，只是今天沒有一個比民主政治更好的政治，那麼我們只有還是遵守民主政治。邱吉爾這番話說得十分剴切明白，這是邱吉爾答覆二次世界大戰時反民主論調的一番話。倘使希特勒、列寧、史太林他們的政治好過了民主政治，我想民主國家亦會照他們般改變。今天只因還沒有一種政治比民主政治更好，不是說民主政治最好。我們可以說，這就是世界大變。在最古老的民主政治國家裏面，一個最偉大的人物，像邱吉爾，他肯講這句話。現在常有人引他這句話，可見民主政治亦不能約束今天以後的世界。各民族都解放，由他們自治，焉知沒有一種更理想的新政治出現呢？

美國威爾遜總統提倡「民族解放」、「民族自決」，在當時似乎沒有受到西方人的欣賞。他到巴黎，沒有受歡迎。他回到美國，美國人也反對。威爾遜終於在失敗中死了。可是到今天，美國已經有人在那裏稱讚威爾遜。再過三年、五年、三十年、五十年，你看世界輿論對威爾遜會怎麼講。這是我今天個人的意見，就是說這個世界是一個由合而分的世界。這個世界不再是由一個兩個強大的國家來領導來宰制的世界。美國、蘇聯都沒有這個資格。今天這個世界，照我個人的意見，是一個解放的世界。我們中華民國，中國的民族，也是被解放的一個。波蘭人可以照波蘭人自己要跑的路跑，印度人可以照印度人自己要跑的路跑，我們中國人亦可以照我們中國人自己要跑的路跑。總之，決不會再亡國，決不會再瓜分。諸位信不信？

但如今天的越南，原來是法國的殖民地，現在解放了，本該跑他們自己該跑的路。但他們還老守著世界未變前的心理，我們該照美國人的路跑，還是照蘇聯的路跑？於是引起了他們自己內部的戰爭。孫中山先生講，做個殖民地還好，像越南，只要聽法國人的話；像香港，只要聽英國人的話，就可以安安頓頓。未做殖民地，那麼我們聽英國呢？還是聽其他國家呢？這就糟了。孫中山先生稱此等不做殖民地而又不能自主的為「次殖民地」，比殖民地再要低一級。今天的世界是解放了，但不幸從殖民地解放出來，反而成了次殖民地。今天世界的一切災禍便從此發生。

像我們中國最先想學德國和日本，後來想學英國和美國，最後又想學蘇聯。這就因我們中國始終陷在孫中山先生所說次殖民地的地位之故。

又如越南解放了，乃又分為北越和南越，自相殘殺。美國人從南越撤退，北越併吞了南越，凡南越人以前信從美國的都該殺，逃不勝逃，不知竟被殺了多少，至今未已。從前法國人佔領安南，沒有殺過這許多人。若說今天我們是民族主義，則我請問從前的帝國主義比今天的民族主義寬大還是殘酷？這又同樣是一種次殖民地的災禍。

世界變了，今天是新世界，殖民地都解放了，但不幸而變成為次殖民地，自己殺自己。這是世界變，而人心未變，所以受到此災禍。你信共產主義，他還信民主政治。你可以加以教育，加以管理，加以統治，卻不必加以殘殺。如中國與越南，卻又是民族解放後最悽慘最不幸的一回事。他們實在過分信仰以前的帝國主義、西方民族，而對他們自己的民族則太不自信了。

但我們亦不必過分悲觀。我在上面說過的近四十年前戰後新世界一文中，已明白提出，世界的變乃是要大轉彎的變，迂迴曲折的變。今天的世界，正是在這迂迴曲折的大轉彎中。當前的世界還是可悲觀的，而此後的新世界則仍當可樂觀。

五

說到這裏，我們便該回到文化問題上來。

「文化」這兩個字，在歐洲最多亦不過一百多年的歷史。在他們本來沒有這個觀念，演變到最近才有。我可以說文化是民族的生命，沒有文化，就沒有民族。文化是一個民族生活的總體，把每一民族的一切生活包括起來，稱之為文化。文化不是指每一個人的生活言，也不是指學術生活，或經濟生活、物質生活、精神生活等言。它是一切生活的總體。英國人有英國人的生活，德國人有德國人的生活，印度人有印度人的生活，中國人有中國人的生活，甚至於非洲人有非洲人的生活。這個生活，就是它的生命；這個生命的表現，就成為它的文化。

我的意見，我們不該以舊觀念來應付新世界。在以前的舊世界裏，歐洲人的文化這樣的高，其他民族的文化這樣的低。但歐洲文化出了毛病，今天的世界變了。在以前其他民族只有跟隨歐洲人，做他們的殖民地，這是舊觀念。我是我的生命，你是你的生命；你亦不比我高，我亦不比你低，各人有各人的生命。我們看不起非洲人，但非洲人亦有他們的生活和生命。他們最先跑到美國做黑奴，幾百年下來，他們還是個非洲人，他們的內心還是情願要過他們非洲人生活。

生命與文化誰也不能學誰。我們縱想學歐洲人，但不易學。我們或者對此不清楚，但歐洲人卻清楚。他們沒有這個能力把中國人都變成英國人，所以他只能叫你做一個殖民地，如香港。他有什麼辦法叫中國人都變英國人呢？不可能呀。美國亦一樣。菲律賓本應該亦可成為美國的一州，菲律賓人贊成，但美國人反對。菲律賓人不能盡變成美國人，怎麼參加為美國的一州呢？這要破壞了美國整個的立國規模。

像我們香港人，不願在這裏過我們的生活了，而移民到加拿大。五萬去，十萬去，他只要能容納，我們高興，我做一個加拿大人總像比做一中國人要好些。倘使美國開放，我們中國人去的更多。英國、法國開放，我們去的人也不會少。但是中國有八、九億人，不能大家都到外國去，都變成一個外國人。我們有此心，外國人無此力。

所以將來世界只有一條路，各民族都解放了，你自由，你自治，大家不再相爭，便可走上一條新的路。第一次世界大戰、第二次世界大戰，都為要爭殖民地。現在他們覺悟了，全世界大英帝國的國旗都取下來了，所剩的像香港沒有幾個了。世界變了，那麼我們只有一個辦法：一個民族照他一個民族的文化。文化雖有高低，但如一八十歲人，和一八歲人，各有他們的生命。縱使八十歲人的人生經驗多了些，一八歲人要向八十歲人去學，但八歲人還是一八歲人，只是一八歲人在學八十歲人，並不能丟棄他八歲人的生命，來立刻換上一八十歲人的生命。在今天縱使我們生活的觀念已經改變了，但還只能文化自救，不能脫胎換骨的要另來一套新文化。只有我們自己能來救我們自己。換言之，即是從各自的舊文化中求再生長。中國、越南並非不可學美蘇，只要本於它自己的文化傳統來學，便決不會全同於美蘇。比起現在先要毀滅了自己，來全學他人，這是大大不同了。

我覺得中國人要救中國，只有一條路，就是中國的文化。可是各位不要誤會，我並不是要講中國文化高過了西洋文化，我亦並不認為明天的世界不再是西洋文化的世界，定是中國文化的世界了。這些都是文化評價問題，我只想來講文化認識問題。我們先該認識我們自己的文化。

有好多人對我講，你講中國文化，中國人不聽；你向外國人講，倘使外國人贊成了，中國人都會贊成。我說：你的講法同我的想法不同。外國人不會了解我的話，因為他是外國人。最多他們只是一知半解，他拿外國人的觀念來了解我的話，總是隔一層。只有中國人肯聽我話，才能眞瞭解。可是我們中國文化在今天，亦只能救中國。印度文化在今天，亦只能救印度。阿拉伯文化在今天，亦只能救阿拉伯。黑人文化在今天，亦只能救黑人。歐洲人亦一樣，照他們歐洲文化，不要再講帝國主義殖民政策，可以救他們歐洲。要等世界各地區各民族都能自救，到了那時，各民族各文化慢慢兒匯合調和起來，或許會併成一個所謂「世界大同」。這個境界，天下太平。不是今天，我想還遠。

今天我們是一個由合而分的世界，聯合國到今天還像個小孩兒，剛才初生下地。要等待聯合國長大成人了，那麼我們才能看出新世界一個大概的情形來。這是我個人的意見。

我講的話，請求諸位不要今天即下批評。過十年、二十年，你們看這世界變得怎麼樣了，才可對我這番話來做批評。好在我寫在民國三十一年的這篇文章，諸位今天且先拿來一看。至少這幾十年新世界演變的開始，我已說準了。則此下的演變，我的說法應亦不致有大錯。

六

要講中國文化，要講中國人的生命，要講中國人的生活，從那裏講起？我是個中國人，還是要照我們中國人的道理講。在中庸上說：「天命之謂性，率性之謂道，修道之謂教。」天生我們每一個人，賦予他一個「性」。照這個性去表現發展，即是「道」。中國古人所講的道，即略如我們今天所講的「文化」。但講文化也得隨時變通。今天我們如何來講文化，便即是「修道之謂教」。這是中國人很老很舊的一番講法，但我認為今天仍可照它講。

所以我們要講文化，推究它的根源，就要講到國民性。中國人的國民性同西洋人、印度人、阿拉伯人、非洲人的國民性，我認為都有不同。我們為什麼不尊重自己，不尊重印度人、阿拉伯人、非洲人，而定要獨特推尊歐洲的白種人呢？這只是一種短視的功利觀。好在世界第一、第二次大戰以來，歐洲文化的毛病亦都暴露了。這豈不容易為我們展擴一新觀點、開闢一新路線嗎？

我這次來講文化問題，不是從一般性的講，而是從我們中國人的天性，不是每個人的天性，是從整個中國人的天性來講。既然天賦人性，大家是一人，人性應該大家相同的。英國人、法國人、波蘭人、印度人、中國人都是一樣，這才叫「大同」。然而大同的裏面有「小異」。我同你大家是個人，一樣的，可是有一點不同。我不是你，你不是我。這個不同雖小，然是重要的。大處相同，小處相異。這個相異怎麼來的呢？譬如一小孩，我們可以拿中國的、英國的、印度的、非洲的，各國小孩放在一起，他們生理的語言天才是一樣的。你教黑人小孩講中國話，中國小孩講英國話，英國小孩講印度話，印度小孩講非洲話，他們都能講。即如我們中國人都講英語，不教他中國話，他也自然只講英語了。論語上孔子說：「性相近，習相遠。」性是先天的，習是後天的，先天、後天同樣還是一「天」。中國人講「性」字乃兼先、後天而講。人的習慣不同，便像天性相異。中國人、英國人、印度人、非洲人已經各有了他們幾千年的不同習慣，那能不說他們具有不同的天性呢？所以我講文化，主要從歷史來講。淺言之，歷史即是習慣。中國人至少有四、五千年的歷史，英國人至少有八百、一千年的歷史，美國人至少亦有四百年的歷史，所以他們的民族天性就像各有不同。

七

我下面的講題是「從中國歷史來看中國民族性及中國文化」。我講中國民族性，不是講你我每一個中國人，而是講一個整體的中國民族性。乃是指從遠古以來，四、五千年，有文化歷史以來，一個大體的中國民族性。我們根據歷史來講，中國是這樣的；印度人、英國人、法國人又各自那樣的。我下面所講，則只從中國歷史來看、來談中國的民族性，然後根據中國的民族性，來講中國文化。

諸位不要懷疑我太看重中國文化。我是中國人，我當然看重中國文化。我不會看重你比看我自己更重。我的生命是我的，你的生命是你的，中國文化是中國的，西洋文化是西洋的。我不是講文化的高下，更不是講文化的是非，我是講文化的異同。諸位或許很研究西洋文化，諸位或許研究印度、研究佛教，或許認為中國文化同西方亦差不多。但這最多只是大同，中間還有小異。我此次所講，則可說注重在小異上。我所貢獻亦可說只在知識方面。希望諸位能知道中國民族、中國歷史究是什麼一回事。我沒有下價值批判。或許有，只是我個人的看法，諸位不必認眞。我剛才已經說過，這十個月來，我不能看一個字，不能讀一句書，我只是憑空就記憶所及，簡單來講。但是我所講的這一條路，則我認為乃是將來做學問上的一條大路。我認為我們此下做學問，必該講文化。從前人做學問，文科、理科、工科各自分別。此下做學問，最重要的是生活、是生命、是文化，是各民族的自救之道。這是我個人的意見。這個意見有沒有價值?這條路能走不能走?諸位可以存此一說，慢慢加以批評。不過我請諸位不要批評我一個人，應該對別人的話同樣懂得批評。那麼在這個中間，可以找出一條比較廣大的路出來。這不是短期間所能完成的，這是我們此下做學問的一條大道，現在我們還沒有開步。且待聽我講後，諸位再慢慢兒去討論吧。

二 中國人的性格

一

今天我講「從中國歷史來看中國的民族性」。就是看我們中國人的性格。在中國傳統思想裏，最看重這個「性」字。西方人亦未嘗不講人的性，可是他們所注重的是「自然」的性，照中國人的講法這乃是「先天性」。而中國人所講的性字，更看重「人文」方面，可說是先天和後天打成一片來講的。亦可說是一種理想的可能性。我今天的講演，是從中國歷史來看中國的民族性。這是中國人的舊觀念，注重在人文「後天」的一方面。

我今天要講的是「分別性」與「和合性」。向來中國儒家、道家、其他各家講人性，從未提到這兩個名詞，這是我今天所特別提出的。

怎麼叫「分別性」呢？我們從先天自然方面來講，人有男性、女性的分別，這是最基本的。不僅人是這樣，動物，乃至於植物，有生命的，除掉最低級的微生物不分雌雄性別外，都分性別的。中國人稱一陰一陽，男女就有陰性、陽性的分別，沒有人不懂得這個分別的。我們也可以說，嚴格講來，男人、女人各是人的一半，必待男婚女嫁，始合成一完整的人生。所以說「男大當婚，女大當嫁」。可見人生在「分別性」之上，還有一個「和合性」。當然也有獨身不結婚的，但這只是人類中間的極少數。

人生有他的分別，就有他的和合。所以分別性與和合性其實只是一個性。先天的自然是男女分別的，後天的人文則是男女和合的。人類由後天人文所組成的社會，仍並不能離開先天自然而獨立，只有在先天自然之上，加進了後天人文。所以先、後天亦應是合一的，這才是人類天性的完成。這裏面包括著分別與和合，在其和合中則仍還有分別。這只照分數講，他的分別性比和合性佔的分數多。反過來，或許他的和合性比分別性佔的分數多。如說一佔百分之六十，一佔百分之四十。好像我們一個人的兩隻手，其實功用是一樣的，或是我慣於多用右手，或是我慣於多用左手，這裏邊只是一個分數之不同而已。

我今天要首先提出這個問題來講。我認為中國人的天性，所謂我們的國民性，是和合的分數比較多過分別的。我們人的分別，第一個是男女之別，第二個是長幼之別。我們人的中間，一定有大人、有小孩，所謂父母子女。沒有小一輩的，人類就要斷了。但沒有老一輩的，小一輩的也就無從出生。自然生人，甚至於其他動植物，都有男女，有長幼。這個分別每個人都知道的。然而特別是我們人類，幼小的要靠長大的，而長大的要保護撫養幼小的。這是從古到今，可能將來幾萬年、幾十萬年下去，都是這樣。所以自然人生必有男女長幼的分別，而人文社會則必有男女長幼的和合，就組織成了家庭。也可以說，整個人類，各個社會，都有家庭。家庭就是男女長幼的和合。而特別是中國人的家庭則比較和合性更多過了分別性。若我們要理想，和合性、分別性雙方平均各佔百分之五十，這是不容易的。中國人家庭與西方家庭大同小異。我們有夫婦，他們亦有夫婦。我們有父母子女，他們一樣的有父母子女。可是我們的家庭似乎是和合性多過分別性。而拿西方人的家庭比我們，似乎他們是分別性多過了和合性。

中國人講人，不重在講個別的個人，而更重在講「人倫」。人倫是指人與人相處中的一種共同關係。要能人與人相處，才各成其為人。若人與人過分分別了，便就無人倫。人倫是要人與人互相配搭而成的。中國人說夫婦為「人倫之始」。凡屬成年人，男的必成為一夫，女的必成為一婦，有夫婦才能有父母子女，乃及其他一切和合與分別。分別是先天自然的，和合從先天自然來，是後天人文的。我們社會的變化，就是人與人的關係的變化。而中國人比較最看重人與人的關係。這關係是兩個，一個是先天的分別，一個是後天的和合。從和合再生出分別來，則是後天的分別了。中國人看重後天人文，所以說中國人比較更多看重和合，因而家庭佔了社會重要的第一位。

二

從家庭講到國家。我們拿一個很簡單的例子，來看西洋史同中國史的分別。西洋史從希臘開始。希臘有了希臘人，就有希臘的社會、希臘的民族，亦可以說有希臘的文化。然而始終沒有一個希臘國。希臘的半島很小，然而他們有一兩百個城市。他們不能組合成一個國家。不是不能，我想他們或許不喜歡組合成一個國家。我們只能這樣說。其實雅典人並不希望同斯巴達人組成一個國家，斯巴達人對雅典人亦一樣，其他各城市人亦都一樣。那麼我們只能說是希臘人的天性如此。他們並非不和合，他們有很多和合的地方，然而不能不承認他們的分別性超過了和合性。從分數上比較，他們的分別性可到百分之六十，和合性只有百分之四十。

希臘之後有羅馬。其實羅馬亦是一個城市。羅馬人興起後，又合併了意大利半島，這是一種向外征服。所以這個國家從來就叫羅馬，不叫意大利。羅馬帝國不能稱之曰意大利帝國，他的國家仍是個羅馬。意大利是羅馬帝國的征服地，正如馬其頓征服希臘一樣。再從意大利半島向外，到地中海四邊，羅馬帝國是相當大的，歐洲、非洲、亞洲的許多部分都在羅馬帝國之內。然而我們只能說是羅馬帝國，羅馬還是這一帝國的主要中心。這是一種向外征服。征服與被征服，這就是分別性多過了和合性。

那麼中國呢？中國到了秦漢，說是統一了，但不能稱為秦國、漢國，他還是一個中國。我們不講秦，且講漢。漢高祖是中國長江北岸江蘇省豐沛一帶人，然而漢代之興，並不能說是豐沛人的向外征服。我們中國人從來沒有這個想法。中國是怎麼成為一個漢代的呢？這是一個政治性的向心凝結。這個心不在豐沛，在長安。當時中央政府所在地在長安，即稱漢代，不能叫漢國。國家還是個中國，而漢代只是中央政府一個朝代的名稱。今天我們亦稱漢代為漢帝國，唐代為唐帝國。帝國是西方名稱，如羅馬帝國。漢代、唐代不能稱為漢帝國、唐帝國，因為漢代、唐代都是中國人向心凝結所組成的政府名稱。重要的還是一和合性。

那麼中國有沒有分呢？西漢、東漢，下面分三國。西晉統一很短的時期，下邊分五胡十六國，分南北朝。下邊來隋代、唐代，以下又分五代十國。而下邊立刻來宋代。宋代時在北方已經有遼，中國變成兩個。後來遼變成金，還是兩個。再後金變成元，統一中國，中國是一個。下邊是明代，下邊是清代，那麼到了中華民國。這個分是中國歷史之變。中國分成兩部分，或分成兩部分以上，這是變。而中國史之常是合。

西洋史之常是分，西洋史之合是一個變。羅馬帝國時，西方各地區合併為一。羅馬帝國崩潰了，下面是他們的封建時代，是分的。要來一神聖羅馬帝國，亦沒有能成。他們由封建社會再變為現代國家，仍是一個分。甚至於分到我們所不能想像。如西班牙、葡萄牙兩個，到今天沒有合。如荷蘭、比利時兩個，到今天亦沒有合。法國的西邊上一半是荷蘭、比利時，下一半是葡萄牙、西班牙，他們五個國家是各自分別的。此外再加英國，加上後來的德國、意大利；凡是所謂西歐，除掉羅馬帝國時期是一個合的形態以外，其他時期都是分的。今天他們最多只能組成一共同市場，求在商業上和合，國家還是分的。

現在的西歐，蘇聯大敵在前，這是他們所提心吊膽的。希臘人碰到馬其頓，絕不如今天的西歐人碰到蘇聯那樣可怕，然而他們依然不能合。到那一天他們才能和合為一呢？照今天的情勢看，恐怕很困難。

甚至於一個英國，大英帝國統治全世界，然而英國內部仍要分英格蘭、蘇格蘭、愛爾蘭。帝國時期他們就有這個分別了。今天帝國已崩潰了，只是英國一個國家，他們內部還是分的。連他們的國會，裏面亦有分。英格蘭、蘇格蘭、愛爾蘭，直到今天，英倫三島內部分別的分數比和合的分數來得多。為什麼？我們今天只有一句話講，或者是西方人喜歡分，這可說是西方人的天性。他們亦有合，只是他們喜歡分的性格多過於喜歡合。

究竟人類集居的理想，分過於合對，還是合過於分對呢？這個問題不在我今天討論的範圍之內。我只能說，西方人分的分數多，東方人合的分數多。甚至於今天的美國，美國是一個大國家，然而是一個聯邦國，還是分的分數多過合。今天他們五十州，每州有每州的憲法，州有州的獨立性，合起來成為一個美國。美國一個州，絕不能和中國一個省相比。在我們的行政系統裏，有行省的分別，如廣東省、福建省。但這個分別同美國的州與州的分別，大不相同。我們中國人到近代，亦有人主張學美國的建國。當孫中山先生在廣東的時候，陳炯明便主張「聯省自治」，一省管一省，然後聯合起來。這是學美國。到今天偶然還有人這樣的主張。在理論上是行不通的。因為它違反了中國人愛好和合的天性。美國的聯邦是分別性多過了和合性，中國的分省是和合性多過了分別性。這是從東西雙方歷史的不同所看出來的人性不同。我喜歡這樣，他喜歡那樣，亦可說是一種國民性的不同。

西方人好分，是近他的性之所欲。中國人好合，亦是近他的性之所欲。今天我們中國分成兩個，然而我們人的腦子裏還是不喜分，喜歡合。大陸喜歡合，臺灣亦喜歡合。乃至兩個政府所轄地以外，全世界的中國人，亦都喜歡合。這不是一個理論，說國家一定要合。那麼荷蘭同比利時為什麼不能合？如果照荷蘭、比利時的例，我是江蘇人，江南、江北應可分成為兩個國。至於兩個國好呢，還是一個好呢？這不是好壞的問題，是喜歡不喜歡的問題。怎麼知道我不喜歡呢？我拿中國四千年的歷史來看，中國的國民性他們喜歡合。我拿西洋歷史來看，他們的民族性喜歡分。他們有拉丁、條頓、斯拉夫等幾個民族。而我們中國人在從前的中國歷史上，亦時見有異民族加入，到今天都同化了，只成為一中國人。直到中華民國成立後，我們所謂漢、滿、蒙、回、藏「五族共和」，依然有五個民族，但仍要合，不要分，同認為是中國人。

所以我們講文化沒有一個純理論的是非。東方人的性格與生活，和西方人的有不同。東方人的夫婦關係和西方人又有不同。東方和合為一個國家，即中國。西方分別出各個國家，如英、法、德、意、荷蘭、比利時、西班牙、葡萄牙。沒有一個純理論的是非，來判定他們誰對誰不對。只能說我們東方人比較喜歡這樣，西方人比較喜歡那樣。

今天我們東方人可以說很是羨慕西方人，然而離婚的比數東方人總是追不上西方。我們感覺到離婚是一件大事，或許西方人並不感覺這樣。否則他們的離婚數字就不會永遠超過我們。此外我們中國人子女對父母講孝，父母對子女講慈，似乎講得比西方又過分了一些。我們講這是東方人的道德觀念。道德我們以後再講。我現在只是說天性好惡有不同，這是一個問題。我要請諸位慢慢認此為一問題來研究、來思考。

我上一堂講的是，我們今天以後的世界，是要走上民族解放、各從所好的路。你從你所好，我從我所好。並不主張文化一元論，並不主張在西方、東方、印度、阿拉伯各種文化內任擇其一，奉為全世界人類作為惟一標準的共同文化。我想今天不是這個世界了，而是要各從所好。我在這六次講演中主要的是要提出這個問題來講。

在理論上，我很難講中國文化高過了西方文化。也可以說，西方文化未必高過了中國文化。因為兩種文化在本質上不同。此因人性不同。我們不能說男人超過了女人，我們同樣亦不能說女人一定超過了男人。我們若說男女平等自由，但亦不能各自獨立，應該有個和合。男女可以成為夫婦，將來的世界要成一個大的世界，有中國人、有印度人、有阿拉伯人、有歐洲人、有非洲人，……各從所好。各個文化發展，而能不相衝突，又能調和凝結。我想我們最先應該做到這一步。我不反對西方，但亦不主張一切追隨西方。我對文化的觀點是如此。

以上我講家庭、講國家，這是人人易見的。以下我想進一步從歷史、社會的其他方面來講。當然講家庭、國家已經講到歷史、社會了，但以下我想另換方面來講。

三

我們講孔子，孔子可說是我們中國人的代表。今且先從孔子的時代講起。孔子亦並不能超出他的時代。凡屬一時代的人物，都帶有時代性。人物與時代該凝結而成一體。但理想的人物，還有其超時代性的存在。從宗教的信徒們來講，並不能用時代來限制耶穌。耶穌是個大教主，穆罕默德亦是一大教主，同樣不能用時代來限制。在中國古代的傳統文化裏，並無宗教，而孔子亦非一教主。但孔子並不能以時代來限制。而其間仍有一分別。他們把教主和其他人作分別看，而中國人則把孔子和其他人仍作和合看。所以在中國文化裏，宗教不生根，而孔子亦不成為一教主。這是人類文化中一大問題，而我亦只把人類的分別性與和合性來作解釋。只論孔子所講，自亦與耶穌、穆罕默德講法不同。耶穌、穆罕默德乃從天與人的分別觀來講，孔子則從天與人的和合觀來講。因此在中國社會裏，尚可容有耶教與回教。而在耶教與回教的社會裏，耶穌與穆罕默德便互不相容，而孔子則更不易被包容。此層暫不宜在此詳講。但依照中國人觀念來講，我們亦可說孔子與耶穌與穆罕默德，同是人類中傑出一大人物，但在他們的大同中仍有小異。今我所講，則偏重在小異上，不重在其大同處。請諸位注意。

我們且從今天一般普通人講法來講。孔子生在中國封建時代的平民階級中，而孔子是一個開始以平民階級觀點來反對貴族階級的人。但中國歷史上的封建時代，與西方封建不同。封建時代有貴族與平民的分別，好像中國與西方是一樣的。其實中間大有不同。這一點我下面再講。孔子是生在貴族、平民兩個階級分的時代，他開始站在平民階級，以平民的觀點來反對貴族。這句話，大體上講似乎並不錯。然而這樣說，我認為乃是拿我們近代人的觀點來講孔子。孔子離我們已兩千五百年了，時代已大不相同，其實孔子並不是這樣。你說孔子反對當時的貴族階級，不錯的，在論語裏可以找到許多證據。然而亦可以說，孔子並不在反對貴族階級。這句話怎麼講呢？我們就拿孔子一生的行為來講。孔子要幫貴族階級做事，他在魯國做大司寇，他就要想幫魯國國君、魯國三家，來振興魯國。他在魯國不得行其道，跑到衛國，仍然想在衛國行其道，來幫助衛國的君卿們。但要衛靈公肯用孔子，孔子才肯出身幫他忙。衛國不行，又跑到陳國，周遊列國十幾年。為什麼？他要行道於天下。他的道是人群大道，連貴族階級都包括在內。你聽我的話，我幫你們。照我這樣做，對你有好處，無壞處。你不聽我的話，不照我的話做，我到別處去。如照我這套道理，我這套道理就擺出來。你不用我這套道理，我這套道理只能藏起來。

今天的人批評孔子，批評中國儒家，說凡是讀孔子的書、相信孔子的人，即儒家，都要幫國君，幫專制政府，沒有一種反抗性、革命性。對不對呢？孔子和儒家是這樣。你用我，不論是貴族，是皇帝和宰相，我這套道理拿出來。你不用我，亦並不即說要反抗、要革命。

孔子自己一生崇拜的是周公，周公是站在政府裏一臣的地位來幫其兄武王。武王死後，幫侄兒成王。我們今天的觀念，怎麽你只做一個臣，而不敢來反抗君呢？這亦可說是近乎西方觀念，亦可說是近代觀念。中國人認為，在同一政府下的君和臣，是應該和合的，不是應該分別的。即連社會民衆，亦應與政府親切和合。君、臣、民三位，是不宜過分分别的。中國古人看君、臣、民的分别性，沒有近代人的觀念這樣强。而我們近代中國人受了西方影響，認為我們中國人沒有獨立性，沒有反抗性。甚至於説，中國歷史上秦代以下，只有「造反」，而無「革命」。其實中國人造反亦是不得已，最好亦不造反。那麽既不革命，又不造反，難道只是服從政府、服從皇帝，不再有他們自己的主張和意見了嗎？這個問題，待我在下邊再講。

從事實來看，孔子並不在反對政府。然而他亦不一意來服從政府。他是有條件的。政府不接受他的意見，他便離開政府。孔子是這樣，孔子的學生亦都是這樣。你依我的條件，我幫你忙，此所謂「用之則行」。你不依我的條件，我不能幫你忙，此所謂「舍之則藏」。不是說，你不照我的，我就打倒你、推翻你，我來革命。這裏那個對，那個不對，我不講。總之，中國人的和合性是超過了分别性，和西方人比較，分數有不同。

四

孔子後，有墨子。照現代人一般的講法，站在平民社會而反對貴族社會的，儒家以後，就是墨家。而墨子反對貴族社會的理論與態度，比孔子更極端、更強烈。孔子等於是個右派，墨子是個左派。對不對呢？對。但是照我的看法來講，墨子還是在幫助當時的貴族階級。他發表非禮非樂的理論，古代貴族階級的全部生活，就是這「禮樂」兩個字，而他都反對了，這可算是徹底的反對貴族階級了。然而他仍還是要幫貴族階級的忙，並不是要來推翻打倒貴族階級。只勸他們改變這種生活，並不主張來革命。這是我們兩千五百年以前的中國人，是這樣的一個態度。

我們拿墨子一生的故事來看，他並不曾提倡要打倒貴族階級。孔子的學生還有一套接近貴族階級的生活，亦要講禮樂，墨子絕對沒有這一套。但是墨子一生最大的事情，是寫介紹信。派他的學生到楚國、到宋國，及其他各國，去幫各國貴族的忙。他們用你，你就把我的主張拿出來。不能用你，你再回來。墨子在理論上雖似反對貴族階級，但在行為上，卻是在幫貴族的忙。這是不是言行不相符呢？並不是，他有他的一套，還是和孔子差不多。今天拿我們的觀念來講墨子，便不易瞭解他。

我們學歷史，先要懂得歷史上的故事。一切事情要客觀的來看，來想這故事中的人物，他的一切言論和行為才易瞭解。不能拿我們的時代觀點來看古人，認為他亦這樣，他並不這樣。孔子、墨子，乃及他們的學生，我們都應該從他們的歷史時代歷史故事中來講。這才叫是客觀。

墨子有一段故事。當時楚國獲得了魯國巧匠公輸般，為他們製造了攻城武器雲梯，想去試攻宋。墨子知道了，直從魯國十天徒步，裂裳裹足，前去楚國。見公輸般說：「我要請你去殺個人。」公輸般說：「我向不殺人。」墨子說：「你不殺人，為何要攻宋？」公輸般大佩服，但說：「我的雲梯已經獻給楚王了。」墨子遂請公輸般介紹去見楚王，說：「公輸般的攻城利器我能破。」兩人遂在楚王面前假作一城，公輸般在城外攻，墨子在城內守。公輸般九變其術，墨子皆破之。但公輸般笑說：「我仍有一策可破宋。」墨子說：「我亦知道。」楚王問，墨子說：「他只要先殺我，再去攻宋，宋城就無法抗拒了。」但墨子又說：「我已派我學生禽滑釐等三百人，攜帶我的守城利器，在宋國城裏等候你了。你殺了我，還是無用。」楚國攻宋之事遂止。公輸般說：「我未見你前，很想得宋。見你後，把宋送給我，我亦不受。」由這一段故事看來，墨子不僅在愛社會下層民眾，亦愛上層貴族。不僅愛宋，亦愛楚。那裏專在要反抗楚國呢？

墨家有一番組織，和儒家不同。在他們的學派中，設有一領袖，稱為「鉅子」，鉅子世代相傳。這又與西方不同。如羅馬教皇，需經選舉。墨家鉅子可以逕由這一人傳於那一人，不必選舉。墨家一鉅子孟勝，在楚國，代楚國一貴族看守其封地之城。那貴族在朝廷被處死，楚國派人來收那城。孟勝因非那貴族親命，拒不允出讓。於是楚國派兵來攻打，孟勝決與城共存亡。他的主人僅是楚國一第二流的貴族，孟勝對他竟如此守信，這又如何說當時的墨家專在反對貴族呢？

孟勝臨死前，派兩個學生去齊國傳命，指定齊國的田襄子為他鉅子的接替人。當時和孟勝同在城中死難的學生，共有一百八十三人。那兩位到齊國傳命的學生，齊國的新鉅子要他們留下，但他們不肯留，終於回到楚國，在孟勝死難的城裏自殺了。這亦是墨子生前提倡「義」的精神。

「義」似乎有分別性的。但墨家尚「義」，和孔門尚「仁」一樣，同是具有一種甚深的和合性，並不是要專來反對。朋友相交，亦要有義。我的生命就是你的。直到以後中國詩歌之所詠，說部之所載，乃至於今天社會上所稱述的江湖游俠，都看重此「義」字。這都是偏多和合性的。我同你不和合，你殺我可以，好像是一種反抗性的，但在他的心底深處還是一和合性。對這邊和合性加多加強，對那邊自見有分別性、反抗性。義只是不要不仁。如孟勝故事即其一例。所以孔子講仁，墨子講義，還是差不多。

曾子說：「為人謀而不忠乎？與朋友交而不信乎？」義沒有不忠不信的。我幫人忙，為人謀，我要忠。與朋友交，我要信。為人謀，與朋友交，這就是「人倫」。要兩人和合才成「倫」，朋友為中國五倫之一。人與人相交，朋友佔了最大比數。在中國歷史上，像這種故事傳到今天的不知有多少。

中國思想在戰國時，儒、墨並重。到秦代後，中國人只講孔子，不講墨子了。此因墨子所講的道理，除其太偏的，在孔門學說中都已包有了。如仁義的義字，墨子不過發揮得多些就是了。

先秦儒、墨以外的諸子百家，態度亦差不多的。孟子見梁惠王，見齊宣王，他同孔子一樣，到這裏，這裏不用；到那裏，那裏又不用。不是不用你，梁惠王、齊宣王都很看重孟子，想要用他。不過你不聽我意見，我便不為你所用，我跑了。孟子是這樣一個態度。不是無條件的幫你忙，是有條件的，而這些條件又是為你著想，不是為我自己著想的。你不照我道理，我去幫那個。大家不信我的道理，我還是一我，獨立不懼，遁世無悶。倘使衛靈公用了孔子，不是魯國要吃虧嗎？那麼孔子不是違背了魯國，成為一種叛國的行為了嗎？但孔子志在行道於天下，具有一番更廣大、更深厚的和合性精神。我們不能用我們今天人的觀念來衡量兩千五百年前的古人，我們要知道他們是怎麼一回事。

五

而今天我特別要同諸位講的，不單要講孔子、墨子、孟子，乃及其他各家。我更要來講的是，孔子、墨子、孟子他們所反對的當時的貴族階級，如魯哀公、魯國的季孫氏。魯哀公是魯國的國君，季孫氏是魯國的第一位大臣。他們難道不知道孔子教學生的言論是在反對他們嗎？魯國曲阜只有那樣大，孔子在那裏講道，這個道是反對貴族階級的，他們知道，然而他們卻反來重用孔子，請孔子做大司寇。魯國當時除了三家外，就是司寇。當時沒有所謂大司寇、小司寇，這個官位因為孔子做了，而大家才稱之為大司寇。孔子能高居魯國三家下的第四位，這是件不容易的事。

再進一步講，孔子不是魯國人。他的祖上是宋人，他是商民族，從他祖父、父親才到魯國來。魯國人用他，並能依照他的主張行事。可是最後他的主張不能全部實現。當時魯國的三家各有一都，其地位在曲阜魯國中央政府所在地之下。國之下有都，今天不能詳細講，各位看史書可知道。孔子主張依古禮，魯國只能有一個都，就是曲阜。這三大都應該廢掉。季孫氏聽他話，把他家的都城鄪毀了。叔孫氏亦把他們的都郈毀了。獨有孟孫氏，乃是孔子學生，卻表示反對，不肯亦把他們的都郕毀了。他們亦有理由，說：「現在不像從前，我們拿都城毀了，別國軍隊來，就可直達中央。我們不能毀。」孔子的主張不能圓滿完成，孔子就離位去魯。孔子是不是太書生了呢？太極端了呢？且讓諸位自去思考，此處不討論。

所要討論的是，他離開魯國，魯國的國君宰相不加反對，反而派人送他。從前的交通不比現在，你要跑，極易加以禁止。孔子要跑，讓他跑。不僅讓他跑，還送他跑，還道歉。這些情形歷史上記載得很詳細。孔子有家，有妻有子，孔子是個窮書生，大膽的跑了，把他家留在魯國，魯國人絲毫不去侵犯他的家，直到孔子回來，這個家還是這個家。有好多學生跟著孔子跑，他們亦都有家，有的有父母，有的有妻兒，亦都不能帶走。

跑到衛國，衛國亦有許多貴族爭留孔子住。孔子這家住了，又去那家住。衛靈公是比魯哀公更糊塗的一個國君，他說：「好，魯國怎樣待他，我亦怎樣待他。他在魯國拿多少祿，我亦送他多少。」後來孔子看看不對，又想離去，直跑到黃河南岸邊。又不願渡河，再回來。衛國人依然接待他。再以後，孔子實在不高興了，終於離去衛國。衛國人同魯國一樣，放他走。當時反對孔子的，只有一個宋國。宋國是孔子的老家，出面來反對孔子的，亦只有司馬桓魋一人。他要殺孔子。孔子未到宋國國都，在路上就跑掉了。跑到陳國，陳國人照樣接待他。跑到楚國，楚國人又照樣接待他。諸位都知道，孔子所如不合，實乃是不合他的理想。歷史上稱孔子阨於陳、蔡之間，孔子和他許多學生一個團體都沒飯吃。這因兵荒馬亂中，陳國、楚國一應君卿貴族都照顧不到他。孟子說，他那時「無上下之交」，就指這情形言。孔子是個無產階級，他跑到任何一個國家，國君卿大夫都待他很好，至少都供養他的生活。只有在這一段路上，他們才陷於窮餓。諸位去讀歷史，就明白這些詳細的情節。

孔子從楚國又回到陳國，又從陳國回到衛國。衛國的新君衛出公，又照樣接待他。這一趟孔子前後在外十四年，他終於想回魯國。魯國君臣又派人來歡迎他回去。回到魯國後，魯國對他禮貌有加。孔子不到朝廷去，遇國家有大事去請教他。只要他願意，還可以出席朝廷的會議。他沒有一定的官職，但有一份俸祿。魯國還任用著他的大批學生，如子路、冉有、子貢，乃至於年輕的子游、子夏。

到後來，孔子死了，魯哀公寫了一篇誄文去祭他。誄文曰：「旻天不弔，不憖遺一老，俾屏余一人以在位，煢煢余在疚。嗚呼哀哉！尼父！無所自律。」大意是說：老天爺呀，為什麼不把這位老先生留著呢？現在叫我一個人在這位上，沒得商量，沒得請教，在我心頭上好像常負著一份罪過似的，怎麼辦呢？諸位莫要拿今天的觀念認為中國古代的封建貴族，做君做卿，沒有好人。在孔子當時所反對的那些貴族階級，竟有如此般的表現，這還不值得我們中國人驕傲嗎？

我講孔子，講孔子之道，我相信孔子。但我此刻避開孔子來講當時一般的中國人。魯哀公、衛靈公，你看他們的厚道。他們雖不能用孔子，但同樣的禮貌敬重他接待他。他們想，國家社會的事，不能照孔子的話去做，這是他們的知識不夠。然而他們仍知敬重孔子。這亦是他們的一番和合性。

孔子死了，他的學生都集合來葬孔子。每個學生都從他們家鄉移一棵樹來，栽在孔子墓上，才成為此後的孔林。他們亦都在墳上住了三年。子貢一人又再住三年。魯國的國君和此下的貴族們，亦絲毫未加以干涉。孔林的規模似乎應比當時一般貴族們的墳墓更廣大了，更像樣了。經過秦代、漢代，直傳到今天，只有隨時修理，供大家去瞻拜，兩千五百年不絕。秦漢以後，歷代帝王墳墓，沒有如此般被尊敬的。今天大陸又在那裏修孔林。孔子是中國古代一平民，又非一大的宗教主，這並不是孔子的表現，乃是孔子死後我們中國人的表現。今天大家說漢武帝表彰五經，推尊孔子，但漢武帝以前，孔林存在已逾三百年。漢高祖過魯，已曾以太牢祠孔子。又何嘗是漢武帝一人開始起來推尊孔子的呢？

六

孔子的學生曾子在鄪，就是季孫氏的都。越國軍隊來攻，曾子離去時，告鄪人：「我仍將回來，好好替我看守這家。」待他回來，他家的房屋樹木都整理得很好。這些故事我不多講了。總之，那個時期貴族階級對平民學者的禮貌，可算仁至義盡。他們固不曾重用孔子、墨子、孟子、荀子諸人，一一聽從他們的意見，但禮貌則無微不至，始終如一。

說到孟子，我不曉得他在家如何過活。至少孟子亦是一個平民。他跑出去，後車數十乘，從者數百人。倘如我們今天出外旅行，跟隨著三五輛汽車，一二十個從者，那還了得嗎？而孟子當年，交通情況遠不能和我們今天相比，一輛馬車至少得兩匹馬；數十輛車，有近百匹馬。住旅館，還得有馬房。不論他的數百從者，單是他的馬房、車房就夠費周章。而孟子那一批人，可以不費一文錢，「傳食於諸侯」，到處吃人家的。諸位若從此處想，豈不又要替當時的貴族階級們來反對這一批學者了嗎？但孟子還有條件：這樣請我吃，我吃。那樣請我吃，我不吃。送他錢，有的要，有的不要。這叫「辭受之禮」。當時的貴族階級們，反而像無條件的送他錢，請他吃。在這上，我只說是我們中國人富於和合性的一種表現。

大略與孟子同時，有一位我不知其詳的學者，當時稱他為先生王斗。大概他亦是一位稷下先生。齊國政府在臨淄稷門內，建造了幾十座大的賓館，養了幾十位大師，稱為「稷下先生」。還有他們的學生。每一大師名下，總有學生數十百人。王斗去見齊宣王。齊和秦在當時是東西兩大強國，齊國就等於今天的美國。齊宣王站在主位迎接王斗，王斗當然應向前去見齊王的。但齊宣王衝口說了一句客氣說：「先生請前呀！」王斗生氣了，說：「你前呀！」其實客人去見主人，是該客人向前，齊宣王並未失禮。

像這樣的故事，孟子亦曾有。一日，孟子要去見齊宣王，恰巧齊宣王亦派人來請孟子，孟子就生氣不去了。當時平民學者的自負，氣魄之大，王斗和孟子同樣的。當時在旁的侍者，禁不住問王斗：「究竟士貴，還是王貴呢？」王斗回答說：「當然士貴，王無可貴。」他引據歷史故事，講了一番大道理。但齊國照常尊敬他。直到今天，除此故事外，我們沒有看見王斗一篇文章，一條理論，只知他是一位被尊的先生而已。遙想當時像王斗般，而連姓名都不傳的人，還多得是。

我們今天只講先秦學者，百家爭鳴，講他們的思想言論。卻沒有來講在他們上面的那些貴族階級，如何般的尊禮他們。這不是我們太偏重了這面，而忽略了那面了嗎？

又當時魏國一平民范睢，逃避了魏國，去見秦昭王。秦昭王請教他，他不開口。直到秦昭王跪在他面前，他才開口。秦昭王亦是當時一位大國之君，他竟肯跪在一個逃亡人的面前，向他請教，眞是了不起。我除用中國人富於「和合性」的一點來說明這些故事外，實覺沒有其他更恰當的說法。我們今天卻只說當時的游士們的氣焰高漲，由此更看輕了齊宣王、秦昭王這些人，認為他們心怕游士們才如此。但一到秦始皇後，卻又成為兩千年的帝王專制。試問我們中國人豈不四千年來仍是中國人，中間卻如何會天翻地覆的，有了這樣一番大變化的呢？

我們果能平心來讀中國史，當時這些貴族階級多少和氣，多少能同人家和好和合，禮讓相處。貴族階級既如此，自不會平民階級再起來反抗。貴族、平民的分別，以後亦就自然沒有了。這個經過，只在中國史上有，西洋史上並沒有。

我們今天只把西洋史來推論中國史，只見在中國史上沒有平民階級起來革命，打倒貴族階級，便認為中國社會一向被壓迫，被奴役，不自由，無反抗，不學西洋便再沒有翻身。這不是嗎？

七

我今天再提出一番話來講。諸位試讀論語、墨子，以及其他先秦諸子的書，來看他們那一人那一家是主張「國家主義」的。孔子就不主張國家主義。魯國人不聽他，他到衛國。衛國人不聽他，他到陳國。周遊世界。墨子更無國家主義。孟子亦無國家主義。一切當時的學者，只有一個人是抱有國家主義的，就是屈原。屈原是楚國的貴族，他心愛楚國。愛國並不是不好。直到今天，我們中國人還是看重屈原。然而當時中國的思想家，一般平民學者，他們都抱著「天下主義」，只拿整個的中國來講，不從魯國講，不從齊國講，不從衛國、楚國，而從全個中國來講。

呂不韋從東方趙國跑到西方秦國去，他是個商人，他廣招賓客，都是些東方的學者，有儒家，有墨家，有道家，有法家，有陰陽家，有名家，各家各派的學者，把各別的思想匯通起來，寫成了一部呂氏春秋。亦是天下主義的，並不是為秦國，是要為此下的天下一統開先路，先求思想上的統一。此下如西漢初的淮南王書，乃及漢武帝的表彰五經，排斥百家，都為的是想求思想統一，來配合政治統一。還是和呂氏春秋的想法一貫相承的。這裏是更深一層的來表現出中國人的和合性。呂氏春秋並不專為著秦國，淮南王書並不專為著淮南王國，難道漢武帝的表彰五經排斥百家，便專為著他一人的帝王專制嗎？當然呂氏春秋後世稱為雜家，淮南王書後世稱為道家，和漢武帝的獨尊儒家，思想上有不同。但是都為中國的統一著想。既為天下著想，這還是一色的。這都表現出中國人的和合性。有許多學者參與其事，又那裏是專為著呂不韋、淮南王，乃及漢武帝三個個人著想呢？諸位試讀呂氏春秋、淮南王書，以及漢武帝時董仲舒等一般人的言論，自知其中底細。我又豈是在這裏為漢武帝一人作辯護呢？

我上面只想把當時歷史上的客觀事實來加以一番平心的說明。歷史自有古今的不同，更有中外的不同，豈能單把我們一時代的意見來批判歷史上各時代的事實呢？

即如我此番出席此講演，從臺北來香港，先在臺北申請出境證，在香港獲得了入境證，依照兩地種種交通限制，才得成行。倘使我生在先秦，縱不能如孔、墨、孟、荀般，到處受人歡迎，即如許行、李斯般，亦得到處游行，到處生活。生在那時代的人，他們的自由比起我們這時代來究竟是多，還是少？

我在近代的中國人中，最敬佩孫中山先生。他曾說，中國人的自由太多，不是太少。我為他這句話，回想中國歷史上，至少言論一項，可算是很自由的了。即如伯夷、叔齊，他們反對周武王伐商紂，但他們仍有他們的自由。直到今天，中國人還是推崇伯夷、叔齊。可見反對方面的意見，在中國常被容忍的。這正因中國人的民族天性，和合性多過了分別性之故。

八

我再從秦漢以下的歷史來說。中國是走上統一了，封建政治變而為郡縣，除卻皇帝一家是世襲外，政府一切行政人員，都從全國各地的人口和財富標準來平均分配。由各地群湊到中央，再由中央分配赴各地。各地區的行政首長，都得由其他地區的人來擔任。全國各地，像賦稅制度、兵役制度等，都全國一律，不讓有不平等的待遇。試問，即此一現象，秦漢以下中國人的傳統政治還不是一種和合性的政治嗎？

至如在政府裏，由臣下來批評君上，由下僚來批評上司，由在野來批評在朝，由下代來批評上代，一部中國二十五史中，可說隨處皆是，舉不勝舉，講不勝講。諸位肯平心一翻中國史書，自信我並不是在此胡謅。這還不算是一種思想自由嗎？惟其和合性勝過了分別性，才能許人自由。惟其人人得有自由，才能和合勝過了分別。從大處講如此，從小處講亦如此。從遠處講如此，從近處講亦如此。諸位如果能即在當前走和合的路，無論處家庭、處社會、處國家行政事務，諸位心上自會覺得滿快活，滿舒服。諸位一定要走分別的路，要競爭、要反抗、要打倒、要革命，認為是要自由，別的不講，諸位先已違反了自己的國民性。諸位違反自己天性算是自由嗎？還能和合嗎？面前一步亦行不通，自非更要打倒，更要革命不可。

現在再讓我講歷史上一段人人皆知的故事。北宋神宗時，王安石、司馬光同負盛名。宋神宗信任王安石為相，推行新政。一時朝臣群起反對，以司馬光為首。其實反對王安石，即不啻是反對宋神宗。司馬光不肯居官任職，朝廷特予優待，出公款設一局，許司馬光繼續編修他的資治通鑑。司馬光又不肯留汴京，要遷居洛陽。朝廷又許他以局自隨。司馬光請任助理編修三人，其中一人未中政府科舉，尚無出仕資格，但政府仍許他自由聘用。而當時朝臣反對王安石不已。王安石辭了職，又起用。再辭職，由神宗自行主持新政。而司馬光安居洛陽，編修他的資治通鑑，歷十九年始完工。他又薦那一名未獲科名的助理編修，請朝廷破格任用，朝廷又應允了。直到神宗死，反對新政的風潮依然如故。朝廷又特起司馬光為相。那時王安石尚未死，退居金陵鍾山，度其晚年悠閒生活，以吟詠自遣。

後人讀他那一時期的詩，眞堪神往。後來王安石死了，封為荊國公。司馬光死了，封為溫國公。同樣受朝廷的尊禮。當時新舊黨爭的是非，及其對此下的影響，我都不講。諸位想，在中國秦漢以下，歷代帝王專制的政府下，持有政治異見的人，能獲如此般的容忍和禮遇，豈不還值得我們後代人的敬羨嗎？我無以名之，又只有說這是中國人和合的國民性之一種表現。

這是我個人的看法。這個看法對不對，請諸位且放在腦子裏，慢慢思考。不要今天立刻就下批評，覺得我這番話是對，還是不對；還是有幾分對，有幾分不對。讓諸位此下各自下批判吧！

三　中國人的行為

一

上一堂講的比較偏重講「人」，今天這一堂比較偏重在「事」。其實這兩個是不能分開的。人一定要有事，而事一定是人做的，並不能嚴格分開。不講事，人即無存在；不講人，事即無來歷。但是人和事還是有分別。我曾在美國同他們的一位史學家討論過這個問題。西方人講歷史比較偏重「事」，中國人講歷史比較偏重「人」，這是分數的關係。中國人比較看重人物，西方人比較看重事情，亦如我上次所講，兩者只是比較在分數上略有不同。

今天我們從事講起。事決不是由一人做的，單獨一個人不能成什麼事。事一定由多數人，一個集團來創成的。在這個集團中間，定有個領袖，領導這個集團。有集團，就有領袖，有領袖，就有集團，兩者又是不可分的。可是在分數上又是不同的。有的是看重領袖，有的是看重集團。倘使看重領袖，這個領袖就是普通所謂的「英雄」，領導這個集團來做成某一件事情。

我看西方歷史似乎近是一種「英雄性」的。如講政治，古代從亞歷山大到羅馬凱撒，到了近代法國的拿破崙，這不過是舉幾個代表性的例子講。這是由一領袖，領導一個集團，而成功了那時的一番事業。這都帶有一種英雄性。而中國呢？「集團性」更重於英雄性。所以好像不見英雄性。所謂不見英雄性，同顯見英雄性，這中間亦是一個分數的比較。我這不是一種議論批評，而是講事實。需把中國和西方歷史作詳細比較，便知我話的意義。

我想舉一個例講。古代不講，我們講秦代末年，所謂楚漢之際。項羽西楚霸王和劉邦沛公，兩人爭天下。顯然項羽帶有英雄性，而劉邦像似沒有英雄性。兩人相比的話，項羽是一英雄，劉邦不是一英雄。劉邦得天下後，成為漢高祖。他說：「我能用蕭何、韓信、張良三人，而項羽只有范增一人，不能用，所以我得了天下。」從來讀歷史的人，沒有人不承認漢高祖這句話講得切實。拿今天的眼光來看，蕭何是一個後勤，張良是一個參謀，韓信是一個前敵的大統帥。西方人在一兩百年前的近代，他們對軍事才開始有這三種分別的觀念。本來軍事一切，似乎都由一大統帥來完成；而我們中國人，至少在兩千年以前，已懂得在軍事上有這三種的分別了。雖然那時並沒有特定的三種名稱，但從漢高祖話中所講，蕭何、張良、韓信三人的職務，拿近代的觀念來講，顯然是後勤、參謀和統帥三方面。有許多觀念，中國人早發明在先，而西方人則遠起在後。類此之例還很多。

我這六次講演最重要的是講一個文化問題。「文化」兩個字，在中國已有兩千幾百年的歷史。而西方人對文化的觀念，卻比上述的一觀念更晚。所以我們不能說西方是現代，而中國好像是在古代。從前在大陸，馮友蘭親自對我講，西方是現代的，中國則相當於西方的中古時期。這話也不是馮友蘭一人如此說，幾乎當時大家都如此說。這個觀念直到現在還仍存在。這是要不得的。但我也並非說一切觀念都是中國人提出在前，西方人繼起在後。

漢高祖以平民為天子，出身卑微，而成為一個統一中國的大皇帝，這眞是曠古今而罕有的一件大事業。這事業完成的重要性，好像是在他的集團，而不在此集團之領導，即他個人。其實這句話亦不能如此講，沒有漢高祖來做這一集團的領導，蕭何、張良、韓信如何能在此大集團中分別各獻所能，來對付西楚霸王呢？這事很不容易。可見即單用我們的言語來講我們的觀念，這事不容易。我們中國人講：「辭達而已矣。」講話要講出你的觀念來。但中間亦有困難。我們講話每不能十分表達出我們的觀念。即以我上一堂講的分別性與和合性為例，我所抱的觀念，把這兩個名詞來表達，是不充分、不圓滿的。分別性與和合性，其實只是一事，但這一事的中間有分數不同。我現在講的集團性與英雄性，其實仍是一事，亦仍還是有分數不同。但我若不加進我一些觀念，只來講此一事，便就無何意義可講。

老子說，無生有，有生一。一以下即有分數之別。其實只是此一。但若只有此一個「一」，即就無話可講，等於是無了。在這上，老子認此一為無，而孔子則認此一為有，此是兩人觀念不同。倘只是此一個一，則有此一與無此一，均屬無話可說。這些只在語言與觀念上生分別，而由此便可生出種種的大分別。我們亦可說，先天近似一無，後天近似一有，而先後天又只是同一天。此處只是些觀念和言語的分別。請諸位務要從我的語言來認識我的觀念，不要只從語言上起疑生爭。

二

我們從漢高祖以後，仍用這個觀念來看歷代創天下的人和事，是英雄性的多，還是集團性的多呢？如漢光武，也以一平民為天子。我們如拿他個人的全部歷史來看，只有昆陽一戰，表達了他的英雄性。但他的全部事業完成，還像漢高祖，重要的還在他的集團性。而漢高祖連昆陽一戰都沒有。

再下去，我們看三國，曹操、劉備、孫權各霸一方。且不講孫權，曹操曾面對劉備說：「天下英雄，惟使君與操耳。」但劉備平生多不曾表現他的英雄性。曹操好像是個英雄，然而亦不是。我們看曹操個人的全部歷史，他手下用的人物，所謂「猛將如雲，謀臣如雨」。每一件事，都由他手下人來表現。曹操亦並不曾十足表現出他個人的英雄性來。只比劉備、孫權兩人，他更見其似一英雄人物而已。再下邊就更沒有什麼英雄了。在中國歷史上，作為領袖的，太多英雄表現，就不易成事業。

講到唐太宗，他應該是個英雄。然而我們拿唐太宗個人的全部歷史來看，開始有他的父親在上，還有他哥哥。在他獨當一面時，又有他的幕府，特別重要。中國歷史上，軍隊的大統帥，都有一個幕府。而唐太宗的幕府，尤其是在中國歷史上有名的，所謂「十八學士」。這是個大團體，人人有能幹，有表現，不能專說是唐太宗一人的領導。我這句話，諸位讀唐初開國史便知。

宋太祖更少英雄性的表現。明太祖是僧寺裏一個小和尚，後來得了天下。諸位拿明太祖得天下的歷史來看，文的、武的，有一個大集團。明太祖雖有個人表現，亦不過是在這集團中的一份表現而已，不能說盡由他一人在領導。至於元、清兩代，他們後來是中國人，但來入中國前，不是中國人，我們不去講他了。

我們今天模仿西方人，要寫傳記文學。西方傳記文學都是個人性的、英雄性的，這是西方歷史。在中國一部二十五史，最主要的便是各人的傳記。譬如讀史記，漢高祖本紀內，只把開國事件逐年提一綱領。一切事件的詳細情形，都分別敍述在同時各人的列傳中。如蕭何、張良、韓信，此外還有曹參、陳平等幾十篇的傳合起來，才見漢高祖開國的事業。史記如此，以下各史全如此。開國事件如此，其他一切重大的事件都如此。可見中國人認為事業以集團性為重。集團必有一領導，但領導性的重要，次於集團性。所以每一集團中的領導人，不易見其英雄性。而英雄性之表現，常在領導人之下。如漢高祖以下有韓信，韓信的英雄性表現反多於漢高祖。此下歷代莫不如此。明白言之，在中國人的觀念裏，英雄不宜為領導人，亦不易成大事業，如項羽即是一例。

此種觀念深入中國人的心裏。即在小說中，亦如此表現。如施耐菴的水滸傳，托塔天王晁蓋，為初創梁山泊七人中的領袖。然晁蓋在七人中，反而像是最無用、最不見英雄性。但他卻成為一領袖。

倘使我們眞要講這七個人中間帶有英雄性的，反而是最末的三人——阮小二、阮小五、阮小七，比吳用、公孫勝更表現出英雄性。後來宋江上梁山，接著晁蓋成為梁山上一百零八位好漢中正式的領袖。然而宋江最不表現有英雄性，而像是一無用的人。究竟在歷史上，眞實的宋江是不是這個樣呢？我們不去管他。然而在有極高智慧，寫水滸傳的施耐菴的觀念裏，把宋江寫成這樣，是有極深用意，亦可說是一番極高眞理。中國的歷史傳統，一番大事業的領導人，決不由他個人的英雄表現。宋江則亦是這樣的。若論宋江是否是一偽君子，像金聖歎所批，這個我們不論。總之，我們大家所看到的宋江，是這樣一個沒有用的人。而他下面如林冲、武松，卻全是十足的英雄人物。林十回、武十回的流傳故事以外，其他還有如魯智深、花榮、關勝、呼延灼等，亦全是個英雄。只有梁山泊的第二個領袖，副領袖盧俊義，卻與宋江一般無用。這可說水滸傳雖是一部小說，卻實把握到中國歷史傳統文化精神在集團性與英雄性的比重上的甚深妙義。無怪要成為此下六百年來中國社會人人愛誦的一部書了。

更顯見的又如西遊記。唐僧是個最無用的人，至今幾乎人人皆知。孫悟空神通廣大，一搖身七十二變。其他如豬八戒、沙和尚，亦還有一點用。但唐僧是他們三人的領袖。這當然不是歷史，但亦不是一套哲學，只可說是中國人的一套傳統觀念。這有中國人的國民性在內，而中國的文化特性亦就在內了。諸位試先讀水滸傳、西遊記，乃及如三國演義等小說，再來讀中國一部二十五史，這中間的甚深妙義，不就明白顯見了嗎？

又如中國的象棋，車、馬、砲、士、相、兵，都各有各用。而車、馬、砲又見有英雄性。但一最高將帥，獨無用，讓一切有用的來保護它這無用的。豈不即是一項遊戲，亦十足表現著中國人的傳統觀念嗎？

現在我們卻要模仿西方傳記文學，來寫秦始皇傳、漢武帝傳、唐太宗傳等，把中國歷史上幹大事業的人物，盡寫成英雄性。好像中國歷史上一切好事、壞事，全都由這少數的幾個人幹出來。這就違背了中國的歷史眞相，而且亦違背了中國人的國民性。這卻不只是一個小問題呀！

三

倘使我上面這個講法有意義，進一層便又有另一問題需講到。試問在中國人這種觀念之下，又如何能來一個「帝王專制」的政治制度呢？這一種政治制度，是違反我們中國人的國民性的。如何一個開國皇帝得天下前不專制，得了天下便專制？又如何第一個開國皇帝不專制，第二個皇帝接下就變成專制了呢？

漢高祖一得天下，便下一求賢詔，希望天下賢者來同我共此天下。但到他在太子宮中遇見了商山四皓，把他心愛戚夫人欲廢太子改立趙王的意圖亦打消了。諸位倘肯細心去一讀那故事的原記載，便知其中有甚深妙理。漢高祖的心裏，亦如我上篇所講戰國時齊宣王見王斗、秦昭王見范睢般，他們都受有唐、虞、夏、商、周一千五百年以上悠久的文化薰陶。至少漢高祖決不存有天下可由帝王一人來專制的想法。在這故事裏，已十足表現無遺了。那能把我們今天接受了西方化的淺薄意見來想像！

下邊是漢惠帝，宰相是曹參。曹參是個英雄，在從高祖打仗時，身負七十二個創，戰功第一。然而漢高祖認為曹參只是一「功狗」，蕭何始是一「功臣」。但蕭何不像一英雄，漢高祖用之為相。蕭何死了，當時曹參在齊國，他立刻叫屬下趕快準備行裝，說：「我要到朝廷做宰相了。」漢惠帝果然召他回朝做相。但他回朝後，什麼事都不幹。漢惠帝心裏不開心。曹參有個兒子在惠帝跟前做侍衛，每隔十天有休假，可以回家住一晚。漢惠帝特對曹參兒子說：「你回家問你父親，他為何什麼事都不幹？可是你不要講是我叫你問的啊！」曹參的兒子回去，照皇帝的話問他父親，被他父親打了一頓，說：「這些事你亦該管的嗎？」曹參的兒子回到惠帝前，說：「皇帝要我問的話，我問了，但被父親打了一頓。」他把身上的傷處給惠帝看。待曹參來上朝，惠帝說：「昨夜你兒子問你話，是我叫他問的。你為什麼這樣打他呢？」曹參回答說：「我請問皇帝，比你父親來怎麼樣？」惠帝說：「那如何能比呢？我父親是赤手空拳打天下的呀，我只是守成。」曹參又問：「你看我同從前的蕭相國比，怎麼樣呢？」惠帝說：「我看你亦似乎不如蕭相國。」曹參說：「那麼好了，你不如你父親，我不如蕭相國，我們還有什麼可講呢？從前怎麼樣，我們亦怎麼樣吧。」漢惠帝一句話都沒有。這是歷史上有名的所謂「蕭規曹隨」的故事。我們且看漢惠帝和曹參兩人如何的友誼相處，怎能說漢惠帝專制？而且曹參個人前後亦變了。他在齊國為相時，自嫌是一戰將，不懂政治，親身問了齊國幾十位學者，聽了一位治道家言的老先生的一番教訓。他還朝做相時的一切做法，還是聽了那位老先生言而如此的。諸位試讀歷史，自知當時皇帝和宰相的那番經過，這又與政治制度何關！

下面是漢文帝。漢文帝是中國歷史上了不得的一個大皇帝。他是一讀書皇帝，欣賞一二十幾歲的青年學者賈誼，要重用他。當時朝廷一般老臣周勃、灌嬰等，所謂「絳、灌之徒」反對。他們都是當年跟漢高祖打天下的，年齡地位都比文帝高。漢文帝只得派賈誼去做長沙王太傅。去了一年，文帝召他見面。深夜對坐久談，談得高興，文帝覺得距離賈誼座位太遠了，不時把自己座位屢次移前去。什麼問題都討教，政治問題、歷史問題、經濟問題，最後討論到鬼神問題。文帝說：「我同賈先生分別後，覺得學問相差已不多。現在再見面，才知道我相差尚遠。」諸位聽，這那像皇帝和一卑職小臣相談？今天我們朋友相交，能這樣，還不是了不起嗎？我覺得漢惠帝、漢文帝那般皇帝，豈不仍值得我們欣賞？我們今天常說，中國社會多人情味。我們讀兩千年前的歷史，儼如讀西方小說般，故事如此生動，人情味如此深厚。但我們今天寧願把中國古書棄之不讀，認為中國是一套帝王專制的政治，而文言文亦已死去。這又是所為何來呢？

但是賈誼和漢文帝這次見面以後，仍去做梁孝王太傅。梁孝王是文帝最愛的兒子。文帝不能在朝廷上重用賈誼，看重他學問，命他暫時去做他幾個兒子的老師，這也算得是斟酌盡善了。不幸梁孝王出獵，墮馬身死。賈誼感於文帝知己之恩，自恨他沒有盡他為師的責任，竟亦憂傷短命了。這樣的君臣，眞值得我們兩千年後的人來欣賞、來佩服。

諸位說，漢代要到漢武帝後，才正式是帝王專制。讓我再來講漢武帝。我們現在說漢武帝重用儒家，為儒家思想便於專制。但武帝前景帝時，儒家轅固生與道家黃生在景帝前辯論湯武誅桀紂事。黃生說湯武是弒君，轅固生說湯武是受命。黃生說：「帽子雖破，戴在頭上；鞋子雖新，穿在腳上。這是上下之分。」轅固生說：「依你說法，我們高祖如何該得天下？」景帝說：「不食馬肝，不為不知味。」我們且把這問題擱起不談。這不是儒家贊成革命、不便於帝王專制，一個極顯明的例子嗎？儒家在漢代開國，引用湯武革命的故事來贊成。但在漢代晚期，又引用堯舜禪讓的故事來勸漢代皇帝讓位，以免革命。西漢一代的儒家，那有贊成帝王專制的？

依照漢代慣例，皇太子必先受教育。賈誼在他的治安策裏，曾特別主張過這一點。漢武帝未即位前，他的老師就是儒家王臧。他十八歲做皇帝，信用他老師王臧之言，要重用儒家，那顯是他在青年時所受教育的影響。那裏是他為要專制便用儒家言呢？

以上是講歷史故事，倘論制度就比較要專門些。但我仍不妨舉一淺顯易明之例來講。在秦始皇當權前，秦代宰相是呂不韋。秦始皇當權後，秦代的宰相是李斯。呂不韋、李斯都不是當時一貴族，而且又都不是秦國人。當時的政治制度，皇帝下必有一宰相。皇帝是國家的元首，宰相是政府的領袖，不啻是一副皇帝。當時秦代博士官反對秦廷廢封建改郡縣，秦始皇還詢問李斯後，才作最後決定。我們現在盡說秦始皇是一專制皇帝，我暫不詳細分析。漢代制度依著秦代一樣有宰相，仍然負政府一切行政實務，像我上舉曹參相漢惠帝事便知。中國這樣大，政治上「一日二日萬幾」，怎麼可由一人來專制？中國人不貪利、不爭權、守本分、好閒暇，這是中國人的人生藝術，又誰肯來做一吃辛吃苦的專制皇帝呢？中國歷史上亦有壞皇帝，每每荒淫無度，又怎麼能來專制天下？

漢武帝當了皇帝，當然得要一宰相。但是漢代慣例，非有功不得封侯，非封侯不得為相。所謂有功，只指軍功言。當時跟隨漢高祖打天下建立軍功的都封侯。在這些侯爵中，選擇一人為相。我們稱漢代初年是一「平民政府」，但亦同可稱之為乃一「軍人政府」。後來這一般老軍人都死盡了，由他們子孫世襲侯爵的來當相位。漢武帝是一青年有為的皇帝，他讀了孔子、孟子的書，他認為不能全由軍人子孫來當宰相，特別選用了一位出身東海牧豕的老儒公孫弘來任宰相。這和他祖宗慣例違背了。群臣表示反對，漢武帝說：「不要緊，我拜他相就封他侯，不就成了嗎？」諸位若說，漢武帝這樣就是專制，那就無可再辯了。但漢武帝一依祖宗成法，我們又要批評他是封建頭腦。要做一個中國古人，而不受今天我們中國人的批評，那眞是難之又難了啊！

照我上面的話來講，亦可說漢武帝做皇帝帶有一些英雄性。所以即在以前，亦多有人批評他。但漢武帝並未把當時的一番政治制度來重新改定，我們卻不能說漢武帝時代便是一個專制政府。漢武帝當時有內廷、有外朝。財政制度亦明白分開的，某些稅收由大司農管，供外朝政府用；某些稅收由少府管，供內廷皇室用。財政大臣明明分著兩個，在政治制度上又如何可說是由皇帝一人來專制呢？

當時有一朝臣汲黯，位至九卿，治黃老道家言，而性戇直。曾面斥武帝：「陛下內多欲，而外施仁義，奈何欲效唐虞之治？」武帝怒了，竟為之罷朝，但仍亦任用如故。汲黯每見武帝，武帝必好好戴上禮帽才見他。有一天，汲黯來見，武帝來不及戴帽，急躲在帳中，不敢出去，派人答應汲黯所奏而罷。汲黯為人實有令人難堪處，較之唐太宗時魏徵更有過之。汲黯屢次求退，武帝屢加起用，直到他老病不能再勉強而止。若說一專制皇帝對其臣下能如此敬憚，如此禮貌，如此重用，這亦還不可原諒嗎？

漢武帝的內朝有所謂「文學侍從之臣」，實是皇帝私人的祕書，等於軍隊裏的幕府。我且只舉朱買臣一人。朱買臣是個樵柴漢，諸位都知道他「馬前潑水」的故事吧！外朝的宰相用一牧豕的，內廷的侍從用一樵柴的，我們或許可說漢武帝如此用人是他的專制。但我們講到中國社會又要說是不脫封建性的，試問如何講得通？其實漢武帝的外朝和內廷，如此用人之例還多。我看漢武帝有些浪漫性，近似一文學家。做皇帝並不是沒有可批評的，但單用「專制皇帝」四字來批評他，總覺得不盡情實。

現在再講唐太宗。只看唐玄宗時人所編的貞觀政要一書，這是唐、宋兩代做皇帝的必讀書，可說是當時皇帝的一本教科書，也是唐以下中國關心政治的讀書人所必讀的書。我們今天定要批評中國傳統政治是帝王專制，這本書亦應該讀，庶可知道中國的專制皇帝究竟如何般的專制法。

今說中國傳統政治王位世襲，不經選舉，這是不錯的。但另有一套制度，直從秦漢下至清末，雖歷代有小變，而大體則一貫相承。自唐代杜佑通典以下，三通、九通、十通，一切政治制度，納稅怎麼樣，當兵怎麼樣，選舉怎麼樣，考試怎麼樣，一切都有法。而這些法都從上到下，歷代一貫相承的，所以叫做「通」。這是中國人的通史。我曾有一本小書，名為中國歷代政治得失，把漢、唐、宋、明、清五代各項制度，從九通書裏提要鉤玄，簡單的寫下來。諸位且試讀此一小書，便知中國的傳統政治是不是帝王專制。我想，定要照西方觀念來講中國的傳統政治，只可說是「君主立憲」，而絕非「君主專制」。

諸位不讀三通、九通一般政治制度史，且讀史記、漢書以下的二十五史。單從客觀具體的人物故事來看，亦便可判定此一問題之是非。從深一層講，我認為帝王專制不合中國人的內心要求，中國人不喜歡這種政治。我們只從歷史來看中國的國民性便知。

四

我今天的講演，更重要的要講學術。或許諸位認為學問是個人的。但中國人的傳統觀念，學問是集團的。我舉一個大家極容易誤會的問題來講。譬如說，今天我們講你是一個哲學家，你是一個文學家，你是一個史學家，你是一個經濟學家，你是一個社會學家等；這所謂「家」，就指個人言。但中國古書裏，如諸子百家的「家」，卻不指個人言。一個人就不成家。家是和合性的，個人則是分別性的，這兩面顯然有分別。我們現在把中國有學術成家的「家」字，來移用到西方人身上，如哲學家、文學家等稱呼，便大謬不然了。西方人做學問主要由個人來創造，這又是我上面所說的英雄主義。中國人做學問是集團性的。當然集團中還是有個人，英雄主義亦會要有集團，這又如我上面所說兩面只有分數上的不同。

論語一開始就說：「學而時習之。」這是個人的。接著就說：「有朋自遠方來。」那就成集團的。最後又說：「人不知而不慍。」那又是個人的。可見集團先要有個人，也不能限制個人之成就，但每一個人必在集團中成其為個人。個人、集團還是一而二，二而一，有它甚深的和合性。這層我們先該有認識。

現在說到孔子與論語。要講孔子思想，就該讀論語。論語是由孔門第三、第四傳的弟子所編纂的。現在亦不能考定是誰何人所編。論語第一章是孔子所說，第二章乃有子所說，第三章又是孔子所說，第四章則是曾子所說。後人遂疑論語或許是有子、曾子的門人所編。其實孔子門人群議以有子繼孔子，而曾子加以反對，故論語乃始以有子、曾子語繼孔子。但我們再仔細說，則必是有人再會合著有子、曾子乃及子游、子夏等諸弟子之門人所記，而匯集成篇的。所以論語不僅記載孔子的言行，還記載著孔子弟子如曾點、子路、顏淵、子貢、有子、曾子、子游、子夏許多人的言行。當然他們最推尊孔子一人，但亦推崇到孔門中好多弟子，和合成一套大學問。所以論語不只是孔子一人言，乃是孔門一家言。亦可稱為是孔子當時的儒家言。孔子只是當時儒家言的一位領導者。

即如孟子七篇亦非孟子一手所成。他的弟子如公孫丑、萬章之徒，都合力來寫成這七篇。其他各家亦如此。這猶如我們普通一個家庭，不是由父親一人所成，一家有祖孫相傳幾十世、幾千年不絕的。學術上的家亦如此。我們的現代觀念，父子之間尚有「代溝」，這是分別性的。中國人重和合性，孔子儒家言直傳到今兩千五百年，中間自然有時代分別，但其精神大義則還是一線相承的。其他如墨家、道家、名家、陰陽家、法家等，只是傳世有久暫，但至少亦得傳三、四世，百年以上，才成家。中國人學術上的「家」字如此講。

我們今天只用現代觀念來講古代的歷史，這如何行呢？我們只該從古代歷史來認識古代人的觀念才是。今天我們的現代觀念，實際是受了西方影響。今天我們中國人講的話，實際已多是西方人的話。卻反用這些觀念這些話來批評古代的中國人，宜乎是牛頭不對馬嘴了。

我們現在再說中國古人稱學生為「弟子」，如孔子的門人有顏淵、曾子的父親，他們年齡都和孔子差不多，這不如一家中的兄弟嗎？而顏淵、曾子之與孔子，則不如一家中的父子嗎？中國人講學術，又必牽連到師生間的情感上，一門講學又如在一個家庭中過生活。所以要講學就必得成家。而講學成家的大師們，如孔子、墨子、莊子、孟子皆稱「子」，此是當時封建貴族公、侯、伯、子、男五等爵之「子」。普通家庭只是五口八口，講學成一大家，如貴族家庭般，所以稱「子」。如此說來，諸位又要笑他們是封建頭腦嗎？而學生之從師，亦必懂得要尊師親師，如一家中子弟之對其父兄般。學問與人生仍必和合為一，只從人生中分別劃出，但並非脫離了人生的大範圍與大圈套。這些意見那裏像今天我們說的「專家學者」呢？但如我所說我們古人的觀念，我們今天亦並非不容易懂，只要且不用我們的現代觀念來輕率批評就是了。

現在再講到孔子之死，治喪之主是他的門弟子子貢。子貢的老一輩都已死去，所以門弟子中，推子貢來主喪，而不是由孔子的孫子來主喪。這又是一件值得我們提出來講的事。直到一千七百年後的南宋，朱子臨死，在他身旁的還都是他的門弟子，而朱子的家屬反退居在門弟子之後。再到明代的王陽明，他死了，前去迎喪的，主要還是他的門弟子，不是他的家人。這些都有記載可考的。這又可證明中國人學術上的所謂「家」，是一個學術的集團。而其集團的親情，則可比私人家庭更過之。這不是中國人和合性的又一表現嗎？

五

論語第一句就講：「學而時習之，不亦說乎？」這又是個大問題。孔子說的「學」，指什麼？是哲學呢？還是文學呢？還是史學呢？還是政治學、社會學，或自然科學呢？這又是近代人的問題。今天我們講哲學的，把孔子當做哲學家。講教育的，把孔子當做教育家。講政治的，把孔子當做政治家。其他學問，好像孔子都沒有份了。其實孔子講的學，仍是全人生一和合性的，不是一分別性的。固然我們學哲學亦應「學而時習之」，學其他一切學，都應「學而時習之」。但孔子之所學，不像現代人分門別類的所謂專家之學。所以顏淵說：「夫子博我以文，約我以禮。」亦可說中國人的學問是全文化、全人生的。只其逐步表現則仍如專門化，故曰「約我以禮」。禮即全體人生之逐步表現，則像是專門化了。

我們再講第二句，「有朋自遠方來」。這就是孔門的七十弟子，孔子都當他們朋友看。中國人說：「獨學而無友，則孤陋而寡聞。」中國人舊觀念，做學問不應由一人做，應和朋友會合做。來學的學生們既如子弟，亦如朋友。這又是中國人的觀念。

再說第三句，「人不知而不慍」。做學問雖要與人共學，但亦有做到別人不易知的境界。所以孟子說，友一鄉之士，友一國之士，友天下之士，而「尚友古人」。孔子時時夢見周公，那就是孔子的尚友古人了。周公時時來到孔子夢中，那亦不是「有朋自遠方來」嗎？這在孔子心中，亦自有一番樂趣，所以能「人不知而不慍」了。說到此處，已是中國古人做學問的極高深處。

孔子又說：「述而不作，信而好古，竊比於我老彭。」老彭是個什麼人，今不能詳考，總是古代一個不很重要的人。孔子把自己來比他，這是孔子的謙虛。孔子說：「述而不作。」他只稱述古人所言，不由他自己來單獨創作。今天我們最時髦的是創作，文學、哲學什麼學問都要創作。但是中國人講學問，「述而不作，信而好古」。不僅孔子這樣，這是中國人做學問一套主要的，可稱為是一種「生命學」。人有自然生命，有人文生命。後人的自然生命、人文生命，全從古人來，生命是一體相承的。孔子稱述的古人是堯、舜、禹、湯、文、武、周公，墨子則只稱述夏禹。他說：「非大禹之道，不足以為墨。」可見他還是述而不作。莊老道家他們在孔子前加上一個老子，在堯舜前加上一個黃帝，還是述而不作。不過他們所說只是假造托古。倘使孔子前眞有一老子，如道家所言這般的教訓過孔子，孔子以後教學生，不該絕口不提到。他們說的黃帝，非信史，那更不用提了。道家外，有名家。惠施、公孫龍，他們不托古，只自己創說，這就有些像西方的哲學家了。其他如陰陽家，他們還是托古，只是羼雜著道家、名家言，性質又不同。

關於名家，我曾寫過一本書惠施公孫龍。又曾寫了許多文章，收集在我的中國學術思想史論叢第二册。我對陰陽家，亦想寫書，但不容易寫。因名家到秦漢後即失傳，而陰陽家至今未絕，流傳在整個社會之下層，醫、卜、星、相都滲透了陰陽家言。我要來發揮中國的陰陽家，自己覺得學問不夠。可是這一家卻是有很深的中國觀念在裏邊，在中國的各種學術內，幾乎無不有陰陽家言。我想將來會有人來在此方面詳講。

我今天只說秦漢以下的中國學術界，可分儒、道兩大派。道家站在反面，儒家站在正面。儒家言則全是「述而不作，信而好古」的。秦漢以下的大儒莫如朱子，只稱述周濂溪、程明道、程伊川、張橫渠，上接孔孟六經，好像他自己沒有講過一句話。其實他並非沒有講，只是他所講的，據他自己說，我還是在稱述古人而已。他眞可說是孔子以下「述而不作，信而好古」一個最好的榜樣。他的一部語類，就等於像孔子的一部論語，由他的門人弟子把他平日講話分類編纂而成。這不就是一部論語嗎？記他話的門人共有九十九位，那一條由那一位，在那一時、那一地所記，都有姓名、年代、地點可考。這不又是中國學術成於集團性和合性的一個很好例子嗎？至於朱子自己作書如近思錄，是他搜集了周、張、二程的話而成的。如論語、孟子集註、大學、中庸章句，乃是他把此四書中的逐字逐句註解而成。而且他的註解亦不由他一人來作，乃是他集合了其他前人的註解，不過加有他一人的意見而已。又有詩集傳、易本義等書，還是他在稱述詩與易，而不是他一人在創作。還有其他更多的書，幾乎全如此。

我們今天把朱子和西方的哲學家康德相比，即照他們著書的形式方面來講，這又如何相比呢？康德是分別性的，提出他個人的主張。朱子是和合性的，只會合著從前人的說話。再以兩人的生活相比，康德一生沒有結婚，只他單獨一個人。在學校去上課堂、聽講的是許多學生，回家來午餐晚餐，另有一批親朋，和學生不相干。朱子可說是家庭生活和師弟子生活打成一片，而師弟子生活佔了更重要部分。我們亦可如此說，西方學者是生活和他的學問有分別性的，而中國學者則學問與生活和合成為一體，不見有太顯明的分別。所以西方哲學家講的是一套哲學真理，而中國儒家如孔子、朱子，則講的是一套人生大道。這中間是顯然有分別的。

另有黑格爾，他講學便與康德各不同。正如柏拉圖以下有亞里士多德，他們講學又是各不同。亞里士多德說：「吾愛吾師，吾尤愛眞理。」西方哲學家在探討眞理上，可說各自表現著他們的英雄性。而中國如儒家思想，是孔子以下兩千五百年，朱子以下八百年，他們都說「尊師重道」，似乎「尊師」與「重道」站在同一地位，是同一意義的。換言之，由中國觀念言，尊師本身亦即是一道。而西方人則從師僅是一手段，求眞理始是一目的。倘他只在尊師，其自身即不夠一大師資格。故必競標眞理，乃始見其為一學術燦爛的時代。

近代我們又把孔子來比蘇格拉底。蘇格拉底的說話由柏拉圖記載下，試把來和論語一比，不要深入討論它的內容，即把外面的形式看，自見雙方又是大不同。我說中國學術是集團性的，而西方學術則是英雄性的。諸位試把那些具體的事實和表現在外的形式來看，自然可知了。

六

現在再講到唐代的佛教。佛教是一宗教，來自印度。中國文化傳統中並未產生有宗教。印度的學術思想似乎較與西方相近。佛教傳入中國，經過魏晉南北朝一段長時期，下到隋唐，佛教已成中國化。當時天台、華嚴兩宗，都有所謂「判教」。如何叫「判教」呢？就是把千年以上長時期的佛教經過，釋迦怎麼講，馬鳴怎麼講，龍樹怎麼講，一路下來，中國的僧侶們把來分別判定，都認為是釋迦牟尼一人的說法。開始第一期怎麼說，接著第二期怎麼說，下面第三期怎麼說。凡屬中國僧侶們所知道的全部佛教經典，都歸納成一整個的大系統。天台、華嚴，判法有不同，所以各自成為一宗。但顯然同是中國人觀念，還是一個「述而不作，信而好古」，認為一應佛說都屬釋迦牟尼一人所說。如儒家孔子以下，孟子怎麼說，荀子怎麼說，董仲舒以下怎麼說，大體不都是孔子所說嗎？但不知佛教傳統並不然，這只可說是中國人說法。

天台、華嚴同是佛教，在宗教信仰上來作此判定，尚有可說。但若用來講西方哲學，更有大不同了。豈可說蘇格拉底眞如孔子，此下便都是由他一人說法所演變，亦是一線相承？我們亦可像天台、華嚴般，把全部西洋哲學史專從蘇格拉底觀念來作一分期判定嗎？所以我們現代的中國人又要說西方是進步的，中國是守舊的。說中國人守舊，即是說中國人無進步。

再說禪宗，亦與天台、華嚴同為佛教中國化之一大宗。遠自南朝梁代達摩東來，稱為始祖，衣鉢相傳至六祖慧能，以下五宗七葉，勢力掩脅全中國。直迄明清，中國佛教幾乎全成為禪宗的天下。其間儘有各種不同說法，但完全是六祖宗旨和合一體。這眞十足代表了中國學術思想之集體性的一面。在慧能時，尚有北宗神秀，與慧能南北分宗；但雙方還是和合一體，並無明顯的爭辯。直到神會出來，在菏澤開大會，始激昂地提出了他「南北分宗」的主張。但此下南宗盛行，反不把神會提起，他的激昂地爭辯像被遺忘了似的。直到近代，他的辯論才再被發現。這又顯出了中國學術界重和合不重分別的一例。

這見中國學術界和西方不同。若要勉強比附，中國的儒、道兩家反而近似西方的宗教，而儒、道兩家又實非宗教。所以在中國思想史裏，有了儒、道兩家，便不再有宗教了。若再另換一句話來講，全部中國的學術史，好像是「宗教性」更重過於今天所謂的「學術性」。分門別類、各有主張的專家之學，在中國比較不看重。

七

但何以中國學問中亦有文學、史學之分呢？這是先秦以下的問題。讓我再來講到司馬遷的史學。司馬遷的史學承其父司馬談，乃是古代一種世襲的職官性的學問。但司馬遷又從董仲舒那裏聽講孔子春秋大義。春秋亦是一部歷史書，可見孔子的學問中就有史學。在中國，史學與哲學本不嚴格分別。司馬遷「究天人之際，通古今之變，成一家之言」這三句話，可稱為是司馬遷的一番歷史哲學。中國人學問看重的是人文之學，人文從自然來，所以人文之學亦並不能脫離或違背了自然之學。明白了自然和人文的分際，才能來講人文學。而人文學尤貴在世代相傳，行之能久，所以要「通古今之變」。這不是司馬遷的一番歷史哲學嗎？西方人講歷史哲學是把他一人的哲學來講歷史，中國人是要從歷史來發現眞理。而司馬遷所發現的一番眞理，其實還是孔子所講的那番眞理。所以司馬遷亦得稱之為儒家。既是發現了那番眞理，自然希望其成為一家之言，希望大家都能認識此一番眞理。但是司馬遷寫史記是他一人所寫，並沒有學生弟子們。所以司馬遷說，要把他的書「藏之名山，傳之其人」了。但司馬遷以下，如班固、范曄，中國全部二十五史，都奉司馬遷為宗。這不是司馬遷的史學亦成為一家之言了嗎？

講到文學，詩經三百首是中國文學史中最先第一部文學書。孔子常以詩經教弟子，這不是孔子學問中亦包含有文學嗎？此下如屈原離騷，忠君愛國，亦可把他視為一儒家。此下的中國文學，大體仍不外儒、道兩家，此處不詳講。且舉韓愈、柳宗元為例，他們提倡古文，下有唐宋八家，直到清代有桐城派古文，這又是一線相承。雖然文學家有各自的表現，但其和合性、集體性則仍是十分顯明的。

八

我今天這一講都是根據上一講而來，不過另換一個方面來講。惟此兩講都就政治、學術兩項說之。近代國人又特重社會經濟，茲試再就經濟一項，略言如下。

古代中國社會經濟早就發達，如陶朱公、呂不韋，都是商業鉅子。陶朱公由政治舞臺轉入商界，呂不韋由商界轉上政治舞臺，兩人皆是一世有名人物。而呂不韋廣招賓客，編撰呂氏春秋一書，尤在先秦學術界有其重要的地位。諸位試讀史記貨殖列傳，可見當時的經濟早已不是封建社會的經濟，就近似現代資本社會的經濟了。而當時的資本家，卻有與政治家、學術家融為一體無大分別的。這又是我說和合性的一種表現。

再就次一層言，如「江陵千樹橘」。諸位試想，在今湖北省江陵一富人家，種一千棵橘樹，倘使每棵橘樹結子五百，就得五十萬。諸位又試讀漢書地理志，當時在湖北江陵，又如何去推銷此五十萬個橘？於是又得裝上車，向外地去推銷。第一大都市就輪到首都長安。從湖北江陵到陝西長安，路途這麼長，車前有馬，車上有人，大隊人馬沿途停宿，需得人管理。第二大都市是洛陽，第三輪到齊國的臨淄，此外不詳舉。而那種橘的主人，則安居在家。分團出發，三十輛、五十輛車，都是大團體。尤其到了各地，推銷的對象都是些王侯貴人們。到門銷售，交際應酬，禮貌言辭，種種知識技巧，豈不需要一等大才幹的人？而且在此橘主門下，除卻大批勞力者外，還需水利、施肥、濬溝、開道、裝備、運輸種種分工，人數決不少。這些人在當時就稱為「賓客」。賓客是連人連戶在內的，無怪當時要把此橘園主人比之為「千戶侯」了。這是從戰國以前的貴族們變而為秦漢時代的資本家了。

這在當時是中國社會一大變動。遠起戰國，封建崩潰，井田封疆等都盡被廢棄，除卻我上述一般游士們「傳食諸侯」外，一般貴族又收養大批私人私戶。如孟嘗君、平原君、信陵君、春申君皆稱食客三千人。後來貨殖列傳裏的財主們，皆擁有多數賓客，即承此風而來。

在政府立場，自願社會人們都編列為國家的公民。但民間關係，自有他們的自由，又不得嚴格禁止。於是到富貴人家去做賓客的，政府皆一律稱之為「奴隸」。當時政治法規，每人需納人頭稅，即是國民捐。但出賣為奴的，他的那一份國民捐，需由買主加倍繳納，而他的公民的身份也就失去了。這樣的政府又豈得稱之為專制政府？而這般轉身為賓客的，他們的生活卻比一個普通平民要舒服多了。比起現代資本主義社會在大公司、大工廠工作的人，他們雖同是一自由民，而待遇上太不平等，罷工之風時起。而在中國當時貨殖傳裏財主門下的私人私戶，雖同樣是一大集團，但一邊是法律的，一邊是情誼的，兩面又不得相提並論。

我們今天又見西方歷史中有所謂「奴隸社會」，便要在中國歷史裏來找證明，不知中國歷史裏另有所謂「賓客」。直從戰國到東漢，如戰國策、漢書、後漢書所載賓客字樣不止數百千見，何以我們又不稱之為「賓客社會」呢？直到宋代，還有主戶、客戶之分。直到清代之末，為人傭耕的，仍稱「種客田」。「奴客」二字連稱，亦屢見中國書中。這究與現代人稱的「奴隸」，其間還是有不同。所以賣身為奴，其實是賣身為客，出自他的私願。而所謂「奴隸」，則是當時一法律名詞。我們現在人好稱中國古代為封建社會、奴隸社會，不知封建在中國是一政治名稱，而秦漢以下已明改封建為郡縣。而賣身為奴，卻是民間一自由。只諸位肯細讀中國史，自知其中詳情。所以我們最需防戒的，是千萬不要用空洞的名詞、現代的觀念，來輕率批評我們的古人。

史記貨殖列傳外，又有游俠列傳。中國社會只要有群眾會合，便會有集體組織，集體中亦自會有領袖，這是中國的國民性。「貨殖」、「游俠」在當時都是一經濟大集團。貨殖易知，游俠難講，在此處不詳說。只自漢武帝鹽鐵官賣的新經濟政策以後，中國的商人地位又大變了。而游俠集團則始終在中國社會下層潛伏，散見在歷代小說筆記裏的亦很多。直到清末有所謂「幫會」，青幫、紅幫。我們要研究中國社會史，不能不注意到這方面。孫中山先生亦特別注意到幫會。那些幫會主要是由元、明以來，由杭州到北通州運河上的運輸工人發展而來。在清代，海運、漕運都是一大問題，講中國經濟史的不能不注意。幫會裏滲進有民族觀念，此處亦不講。現在我所講的只是從貨殖、游俠那些集團中，如何來表現出中國的國民性。所以我們要研究中國社會史，仍該從此一要點著眼。不能僅從西方社會史來依樣葫蘆找材料便得。

九

我今天總結的講法，是從中國歷史上的政治、學術、經濟三方面，來看一切事業的背後，主要都不是一英雄性，由一個人來領導、創作、主使，而是一集團的合作。照我們今天近代的觀念，個人主義就要反對社會團體，社會主義就要反對個人自由。共產主義講組織，資本主義講自由，好像雙方互不相容。而中國人有領袖，有徒眾，有組織，有自由，其間亦有等級，而又有其平等性。

我特別要講，「人權」二字中國向來沒有。中國人只講人性、人情、人道、人品，不講人權。如論政治，亦只論職位，不講權力。君亦是一職，臣亦是一職。只說君位高出於臣位，不講君權高出於臣權。在家庭中，父母亦各佔一職、一位，說不到父權、母權。說到學術界，我們今天有所謂「權威學者」，學術那有權威可言？我們中國人兩千五百年來崇奉孔子，這是兩千五百年中國學術界的自由，那裏是孔子一人的權威？

現在我們所常用的一切字句、名詞，倘一一追求它的來源，如「權威學者」、「奴隸社會」、「專制政治」等，這些話究從何時起？我勸諸位不要講變了，我們的一切言語、一切觀念，都已通體變了。我們的頭腦全不是舊頭腦了。至少我可以說一句，諸位今天的頭腦和我當小孩時的一般頭腦完全不同了。連我現在亦隨著變了。因為不變便不能講話，我亦只得用現代觀念來講現代話，否則我們之間如何得相通？

可是我們讀書又不同。我們讀的是一百年前到三千年前的書，我們該虛心把自己的現代頭腦放在一旁，客觀的來讀古人的書，然後知道它和我們中間的異同。而後再用你的主觀來批判它的是非、高下、得失。我並不反對一個人用他自己的見解去批評這個對、那個不對，這個好、那個不好，這是個人的自由。然而我們的知識則該客觀。這是我這六次講演的大義。

四　中國人的思想總綱

一

上面我們講到中國人的性格，它是偏向那一方面的。又講到中國人的行為，中國人做事是怎麼一套方式的。今天我們講的是中國人的思想，中國人想些什麼，怎麼想法。這都從中國三、四千年來的歷史，具體客觀的看，然後再會合起來，就是我們的人生。其中包含有三方面：一是性格，一是行為，一是思想。每一個人，他的人生脫離不了這三方面。

我此三講，都把西方歷史來比。不怕不識貨，只怕貨比貨。我們拿西方人同中國人一比，對於中國人的性格、行為、思想，都更容易明白一些。並不是要比較那個長、那個短，那個是、那個非。因為有個比較，容易明白。

我在上一次講，有許多事情在西方是新的，在中國很早就這樣，是老的、舊的。上次我曾舉了幾個例。現在講思想，亦有這樣的例。現在我們講中國人的思想，好像偏近於講哲學。其實嚴格的講，中國並無像西方般的哲學。「哲學」兩個字，在中國是新的名詞，從西方譯來的。西方的哲學是一人一說，各自分別的。直到最近，差不多一百多年來，西方人突然有一個新的觀念，說是要研究哲學一定要研究哲學史。所以最近西方歐洲、美國，幾個著名的大哲學家，他們幾乎每一個人都寫過一部哲學史。就是他們對他們哲學的歷史過程怎麼看法。這是近代西方講哲學一新的趨勢。但是在我們中國，很早就這樣了。要講思想，就非得講思想史。這是中國的老習慣舊傳統，而是今天西方的新觀念新趨勢。不過這個問題比較偏在講思想一面，不比講歷史故事般那麼容易。所以我想只能簡單扼要的，還拿具體的事情來講，還如講歷史故事般，好讓諸位容易接受。

二

我現在先舉「統之有宗，會之有元」這兩句話，就是講中國的思想史，在它的外形上是什麼樣子的，是怎麼一種形態。我舉個具體的講法，譬如說，明儒學案是中國一部理學史，是明代的思想史，亦可以說是明代的哲學史。這是我們普通研究明代思想無人不讀的一部書。其中最主要的乃係王陽明一家。由陽明本人又分出他的弟子們，各家各派，似乎普遍及於全國。主要的如浙中王門、江右王門、泰洲學派等，都是陽明門下的。我們可以說，把他們各家的思想會合起來，都是共同尊奉陽明一人的。所以說「統之有宗」。

如我們每一家庭，都有他們的祖先。但在祖先中，又有「祖」與「宗」之別。「祖」是指的最先共同第一個，「宗」則是由祖下分出的。如講王位傳統，漢高祖是漢代開國的第一祖。漢文帝、漢武帝為此下漢代王統所推崇的，這只稱宗，不稱祖了。現在講到學術傳統，孔子是儒家第一祖，陽明則是明儒中的一宗了。中國歷代的思想史，都如明代般是統之有宗的。

現在再講到「會之有元」。「元」就是最先共同第一個，等於是祖宗的「祖」了。中國人觀念常說：「木有本，水有源。」「本源」二字是中國人最所看重的。我曾說，一個民族是一個大生命。生命必有它的本源。思想是生命中的一種表現，我們亦可說，思想亦如生命，亦必有它一本源。有本源就有枝葉，有流派。生命有一個開始，就必有它的傳統。枝葉流派之於本源，是共同一體的。文化的傳統，亦必與它的開始共同一體，始成為一生命。這是中國人觀念。

現在我們要講新，要講變。但從中國人觀念講，從舊的變出新的，那新的中仍該有那舊的存在著，一線相承，還是那一體。如說我們每一個人的生命，五十、六十、七十、八十不斷地生命開新，仍該有他十歲、二十、三十、四十的舊生命存在著，合為一體的。不然舊的失去，他的生命亦完了。即如一家父母子女，子女是一個新生命，但仍該與他的父母相承合一，成為一體。這才是他們一家的生命。我上面講過，中國人講學術要「成一家之言」，就是這個意思。

如王陽明是明代一儒家，儒家思想還遠有淵源。宋代有宋代的儒家，唐代有唐代的儒家，漢代有漢代的儒家，在他們那時，亦還是各有所宗的。陽明以下又有東林學案、蕺山學案，下開清初儒學的新學風。

我們現在再從明儒學案上推，講宋元學案。黃梨洲寫完了明儒學案，他又想寫宋元學案，這是欲罷不能的。梨洲寫宋元學案並不多，他的兒子黃百家接著寫，亦沒有寫多少。最後由全謝山來完成。一讀到宋元學案的南宋部分，便有朱晦庵、陸象山，他們兩派說法有別，這就是此下元、明、清三代有名的所謂「朱陸異同」一大公案。王陽明亦在此公案中有他的主張，他比較接近象山。於是在宋、元、明、清四代的儒學史中，又有程朱與陸王兩派的大分別。所以我們來講宋、元、明、清四代的理學，還是「統之有宗，會之有元」的。

現在再從南宋推到北宋，有周濂溪、程明道、程伊川、張橫渠四家，是北宋的理學家。周濂溪、程明道比較為此下理學家所共同推崇。若以理學言，他們算得是祖。若以儒學言，他們亦算得是一宗了。但是他們已在北宋之晚期，北宋還有初期、中期，那時便只是儒學，並沒有理學。所以宋元學案所收，並不全是理學家。從王荊公再往上推，到胡安定，這一段都只算是儒家言。

三

再往上推到五代，再上是唐，就有孔子、老子、釋迦牟尼的儒、道、釋三大派。這三大派中間，我們不講孔子、老子，就講釋迦牟尼的佛教。到唐代初年，就有天台、華嚴、禪三大派中國化的佛教。它們都稱為「宗」。今天我們說「宗教」，其實在中國古代「宗」與「教」有別，不能合用。佛教中分成許多宗，在這天台、華嚴、禪三大宗間，就見出中國人思想一個特殊之點。佛教是由東漢末年從印度傳來的，直到唐代，天台、華嚴、禪三宗才十足中國化，由中國人自創宗派，乃始是中國人講的佛法。

特別是天台、華嚴兩宗，他們在佛教裏最大努力的，就是拿佛教編成佛教史及佛學思想史。這在印度是沒有的。直到今天，印度人沒有歷史觀念。西方人的歷史觀念，亦要到現代國家興起後才有。古代西方人，亦沒有歷史觀念。而中國人的歷史觀念，則起源甚早。尚遠在孔子之前。譬如我上一堂講的「判教」，就是拿佛教裏的一切思想、一切理論，歸到釋迦牟尼一個人，說是由他一人分著幾個時期、幾番層次所講出的。這眞成為「統之有宗，會之有元」的一種思想史了。

判教工作由天台開始，華嚴繼之，但兩家的判法有不同，詳細我不講。講到禪宗，他們不講判教，但他們自認為他們的講法直承釋迦而來。他們的思想，我此處亦不詳講。可是在這三家中，禪宗最盛行。唐代以後，宋、元、明、清的佛教，十之八九是禪宗。諸位只看明代人所編的一部指月錄，詳詳細細，分成五宗七葉，全由一個人開始，就是六祖慧能。若說釋迦是佛法之「元」，慧能就是此下佛法之「宗」了。

四

我們再往上講。佛教未跑進中國來以前，在東漢末年三國開始，中國思想分成兩大派：一個老子，一個孔子。中間一個極特殊的人，就是王弼。今天我講「統之有宗，會之有元」這兩句話，就是這位先生講的。大約在一千七百多年以前，他講這兩句話。他是講在他以前的中國思想史。但在他以後來講中國思想史，我覺得他這兩句話一樣有用。所以我今天來講中國思想，最先還是用他這兩句話，「統之有宗，會之有元」這八個字。

王弼在中國，可算是一位極大的思想家。他有兩部書：一部書是注的易經，一部書是注的老子。他自己本人沒有著作。這就是我上一堂講的，「述而不作，信而好古」。這不是他和孔子的做學問同一路線嗎？但這不是孔子一人的思想路線，實可說中國人共同的思想路線。易經書裏這樣講，老子書裏這樣講，王弼都稱述了，但不見他自己的講法，似乎他自己沒有講，只講了從前人所講。

西方一位大思想家，都喜歡自創一說，不再承襲前言。這就是我開始講的，他們的哲學是重在分別性的。直到今天，他們各家的哲學思想分別太多了，所以才要來講哲學史。但他們的哲學史只說明了一個變、一個新，不能說是「統之有宗，會之有元」的。

今天我們講王弼的思想，就有一大問題。從來認為易經裏面是儒家思想，老子是道家思想。那麼王弼注這兩部書，是用老子思想來注易經的呢，還是用易經思想來注老子的？這不是個大問題嗎？後來人認為王弼是個道家，而王弼卻又注了易經。而在此下儒家所共同尊奉的十三經注疏內，第一部經就是易經，易經的注，就是王弼的。從唐初的五經正義，到宋以下的十三經注疏，易經總都是採用了王弼注。宋代的儒家和理學家，他們反對道家，反對佛教，但是教人讀易經，還是叫他們先讀王弼注。

諸位要知道，中國書與外國書不同，讀中國書亦和讀外國書不同。讀中國書必該兼讀注。如讀易經，沒有人單讀易經本書，而不讀一家之注的。如你讀了王弼注，還得兼讀別家注。所以後來的中國人讀易經，讀了十三經注疏中的王弼注，又再讀朱子的易本義，這是中國人的普通讀書法。但照現代中國人接受西方文化以後，他夠得稱為一思想家，又誰肯自己不講話，來注古人書的呢？如此般的下去，一部思想史，又怎能「統之有宗，會之有元」呢？

我們今且試問，王弼思想究竟從那裏來的？我姑大膽說，王弼思想還是從易經來的。他所宗是孔子，但他又注了老子。因他當時的思想界，要把孔子、老子的思想再會合統一起來，仍要「統之有宗，會之有元」。孔子、老子之上還有元，在王弼講來，就是周易了。應該不應該這樣子講呢？可惜我們到今天，沒有一個人詳細來講王弼思想。那麼孔子和老子的思想究竟同不同？此下的儒、道兩家各有主張，則是「統之有宗」，而非「會之有元」了。

在王弼稍後，有一人說：「孔子、老子將毋同。」「將毋」二字，用今天的話來講，就是「大莫」二字。莫是約莫之莫。那人說：「孔老兩家，大概是約莫相同的嗎？」這是一句不敢輕率判定的話，而他當時竟因此三字得了一掾官，人稱之為「三語掾」。可見當時儒家思想、道家思想，大家認為可以歸合成一的了。所以我大膽地想，王弼應該是用注易經的意思來注老子，而不是用注老子的意思來注易經。王弼「統之有宗，會之有元」八字，見於他周易注的周易略例中。他雖本是講的卦爻，但天地、事物以及人的思想脈絡這三者間，自可一貫相通。所以我想王弼應該是把周易來統會老子，不是把老子來統會周易。可惜我亦只如此想，並不曾把他的周易注、老子注兩書，逐條舉例，來詳細的加以證明與發揮。

王弼同時又有何晏，後人稱之曰王何。這是當時清談派的兩大宗師。今天我們都說魏晉清談是道家，宗老子的。然而何晏注論語，今天十三經注疏中的論語注，就是何晏注的。我們要讀儒家思想，一部易經，一部論語，當然很重要。詩經偏在文學方面，尚書偏在史學方面，儀禮則當歸入社會學方面去，只有周易和論語是最偏在思想方面的。而王弼、何晏兩人，特來注此兩書。又那能說他們不尊崇儒家呢？

說到「注疏」二字，疏是注中之注，又把話來注此注的叫做「疏」。何晏注論語，他注的話簡單，下面的人再來注他的注，就有皇侃論語義疏一書。可見王何二人，他們是清談派的老祖師，但他們並不是單純道家言。今天我們要研究當時清談派的思想，不得不讀王弼的易經注、老子注，何晏的論語注，以及皇侃的論語義疏等書。就知講魏晉南北朝思想，不能太簡單只用一句話說他們是道家思想。中間有儒家，儒、道和合了。就如我們讀郭象的莊子注，他中間亦多用儒家言，此處我不再詳講。

我們再推上去講兩漢。漢武帝表彰六經，上面的是儒家，但下面還有道家。譬如西漢有揚雄，就有道家的成份。東漢開始有王充，他更根據道家來批評儒家。今天我們認為只要能批評古人、反對古人的，便了不得。所以章太炎曾說：「中國只要有了一個王充，我們便可不感愧恥，有面孔了。不然我們沒有了王充，便沒有面孔能站在這世界上來講思想了。」這是清末以來，一百年的中國人，受了西方影響來講的話。但站在中國人的立場來講中國思想史，王充那裏有王弼般的重要呢？王充的思想是偏於分別性的，近似西方人。王弼則偏於和合性，更多中國傳統。所以此下的思想界，王弼成為一宗，而王充則不成為一宗。諸位有意研究中國思想史，我今天這番話是否有一點值得考慮的價值，且待諸位此後再作批判吧！

王弼是中國歷史裏一極出名的天才，他二十四歲就死了，他還是一青年。他可比西漢初年的賈誼。而王弼又有家學相傳。三國時代的劉表，亦是一儒家，乃當時江左易學一人物，著有周易章句，今已失傳。王弼的父親王業，是劉表的外孫。其家並得蔡邕遺書。弼年甫弱冠，即稱經學大師。他曾說：「聖人體無，老子是有。」可見王弼仍尊儒在道之上。最多只能說他兼通儒道，卻不能說他由儒轉為道，純是一道家。這事應有人來再作精詳研究，我這裏只是提示一大綱。

五

本來先秦諸子的思想到了漢代，大體上可說盡歸入了儒、道、陰陽三家。儒、道兩家都切近人事立說，惟道家稍偏重自然方面去，而陰陽家則更偏向自然了。所以陰陽家的比重，不如儒、道兩家。在司馬遷寫史記時，他特把陰陽家鄒衍一人壓低了。而他的父親司馬談，則推崇老子道家。司馬遷本人，則承接董仲舒，特別推尊孔子儒家。這是西漢初學術分野的大形勢。待東漢後，世運漸衰，於是一般學者再想把道家補進儒家中來作挽救。我想這大概是王弼、何晏所領導的此下清談家興起的主因。這是中國思想史「統之有宗，會之有元」的大形勢所趨。

西方人研究漢學，他們懂老子多，懂孔子少。我講孔子是一手的正面，老子是一手的背面，正反一體，在中國思想的大傳統裏本可會合的。所以王弼講的「統之有宗，會之有元」這八個字，實可把來說明中國思想史的外在形態。這是十分重要的。並不是孔子有一個力量，叫下邊的人都跟隨他的講法。亦不是老子有一個力量，叫下邊的人都跟隨他的講法。而是下邊的人，一種自由選擇。我曾經說，這是中國思想史裏面的思想民主、思想自由。有人佩服孔子，有人佩服老子，更有人喜歡拿孔子與老子配合在一塊兒來講。王弼、何晏如此，周濂溪乃至朱晦庵亦如此。我一言以蔽之，研究中國的思想，要研究全部的中國思想史。不能切斷了，單來研究王弼思想、何晏思想，或是周濂溪思想、朱晦庵思想。這樣一家一家的分別研究，不僅得不到全部中國思想的眞相及其綱要，並亦得不到各家思想的眞相及其綱要所在。

不僅儒、道兩家如此，即佛教釋家亦如此。在濂溪、晦庵乃及宋、元、明各個理學家中，都包含有釋家說法。尤其是禪宗。所以在後代的中國思想界，多有儒、釋、道三家異同的辯論。這是中國思想一大特點，即是要求和合更勝過要求分別。這是與研究西方思想之大不同所在。

六

因此我在十年前，曾經提出一個主張。我說我們中國人，應有幾部人人必讀的書。西方人人必讀的第一部，應是耶穌教的聖經。中國人所人人必讀的書，朱子選了一部四書——大學、論語、孟子、中庸。我個人則認為，我們今天一個知識份子，一個讀書人，應該讀四部書：一部是論語，一部孟子，第三部是老子，第四部是莊子。讀了這面，還應讀那面，這就叫「一陰一陽」。在中國思想界裏，一正一反，一積極一消極。

我可以告訴諸位，中國的讀書人，從古代漢朝起，到近代清朝末年，他們講的孔孟，其實沒有一個不讀莊老。他可以反對莊老，但不曾讀過莊老，如何來反對？當然講道家莊老的，亦同樣沒有不讀過孔孟書的。所以我想，我們今天以後的中國人，比較受過高等教育的知識份子，至少應讀四本書，論語、孟子、老子、莊子。我曾寫過一本莊子纂箋，有人就罵我，講孔孟而注莊子書，是掛羊頭賣狗肉。但我又曾寫過一部論語新解。我自有我的主張，此處亦不再詳細講了。

這四部書都是古代的。若要再讀後代的，則我更舉三部。一是禪宗慧能的六祖壇經。諸位並不信佛教，亦該一讀。這書不僅唐代，此下宋、元、明、清四代人，多讀此書，以及現代的西方人，讀此書的亦不少。我們對此書自該一讀。第二部是朱子選的近思錄，把周濂溪、程明道、程伊川、張橫渠四家言，分類收入。清代江永，又把朱子的話逐條為近思錄作注，這就會合了濂、洛、關、閩五家言。亦值得我們一讀。第三是王陽明的傳習錄，代表著理學家中的陸王一派。我們亦該一讀。這三部書都是後起的。六祖壇經是純白話的，近思錄、傳習錄亦可說多半是白話的。

拿唐朝以下的三部，匯合上戰國時代的四部，可成為中國新的「七經」。我想讀了此七部書，始可知得我這次所講中國思想史「統之有宗，會之有元」的所在。但這只不過是我一人的說法而已。

我們要研究中國思想，需懂得有一統會。不能說沒有讀過論語、孟子，隨便來讀一朱子或陽明，講他們的思想。他們的思想是有來歷的。亦不能沒有讀過莊子、老子，便來講道家的思想。下邊隨便挑一個人，挑一本書來講，抽離了大統會、大體系，分別專來講一人一家，在學西方哲學或可如此，若要學中國思想則不能。如此說來，要學中國思想，不是我們的負擔便大了嗎？我要讀康德，我就讀康德。我要讀朱子，應該讀上下古今，不能專讀一朱子。這是中、西雙方不同的。這是一件無可奈何的事情。

我自己寫了兩本書，一本是論語新解。書名「新解」，其實句句都是從前人的舊解。但中國人儘可從舊之中生出新來，新、舊還是一體。朱子、陽明的新，都從舊的孔孟來。我的「新解」，亦從彙集各家各派舊解而來。還有一本是莊子纂箋。箋就是注，纂箋就是集注。不過此書體例與論語新解有不同。新解略去出處，纂箋則逐條指明出處。諸位只看書前一目錄，遠從古代直到我同時的朋友，上下共一百五十二家，由我選擇。我可說莊子一書，已無一字一句不可講。不過我認為讀論語的人，該比讀莊子的人更多些，所以新解力求簡單，把所引出處全刪掉，俾可成一普及本，供大家閱讀。纂箋則讓少數人去讀。這是我用心不同處。

亦可說，我學了王弼注易、注老，亦學了朱子注四書、注詩、注易；還注到魏伯陽的參同契。王弼、朱子是中國儒、道兩家的大師，但好像他們不自用思想，專來注古人的書。我只是學他們。亦可說中國的思想家，很看重傳統。

孔子、老子外，又有釋迦牟尼，從印度傳來。統之有宗，會之有元，中國思想史只有此三人。諸位讀西方哲學便不如此。讀康德書，不能說他是柏拉圖、亞里士多德所說。西方重開新，中國重守舊。我們中國人今天不能再像佛教判宗這樣來判西方思想，於是才把西方思想來判中國。想從我來反對孔子、反對老子，反對儒、釋、道三家，說我來創作，我來開新，怕不容易。我從歷史來看，中國的國民性似乎不喜歡這樣。今天我們這樣亦怕會於心不安。等於一個人離家遠行，住進旅館，一時亦覺開心，但終於會想回家。我可以告訴諸位，我個人是一守舊的，想學孔子，自問亦學得了他的「學不厭、教不倦」，一輩子讀書，一輩子教書。我請問諸位，這一點諸位不是亦能學嗎？但孔子自說，他的本領亦只此而已。孔子又說，他之所學，只是「述而不作、信而好古」。至少說來，孔子不亦是平易近人的嗎？

七

講到這裏，我只講的是中國思想史的外貌。下一層要講到中國思想史的內容。這問題較難講。但一部中國思想史，既是統之有宗、會之有元，它的內容不是應該很簡單、很易講的嗎？他們想的是什麼，討論的是什麼，是否可以簡單扼要地來講？我此下便要講到這一層。

讓我挑選朱子的兩句話「通天人、合內外」六字來講。中國人就喜歡講「通」講「合」，像講「統」講「會」一般。中國人就不喜歡過分講分別，所以中國能成這樣一個大民族、大國家，就是這個道理。中國人不喜歡講我是一廣東人、福建人、浙江人，而更喜歡講我是一中國人。不僅要講人與人通，還要講人與天通。「通天人、合內外」這兩個觀念，先秦思想界早已提到，而北宋的理學家更認眞在此上來討論。

耶穌聖經裏說，「上帝的事我管，凱撒的事凱撒管」。這就把人與天分別講了。但是耶穌終於釘死在十字架上，凱撒要來管你，你又怎麼辦？直到今天西方的宗教是教你的靈魂、教你的死後，你生前他不管。直到今天西方的宗教和政治兩個是要分別的，神聖羅馬帝國終成一夢想。今天羅馬教皇仍只管耶穌上帝的事，決不能兼管各國凱撒的事。

天主教、耶穌教亦各自分別。回教另成一套，佛教又是另外一套。回教同樣講天，但與耶教不同。佛教又只講出世，不講天，講來世。世界人類的各大宗教又如何把來會通，這是人類此下一大問題。此處暫不講。

中國人則要講「通天人」。這是中國思想史裏一大問題。既把天能通到人一邊來講，則講人生亦即如講天命了。故孔子亦講通天人，老子亦講通天人。他們在講人生，就通到天命上去。天命、人生通為一體，這是中國人想法。

我一次到韓國去，他們的中央研究院開一座談會，一位先生首先發問，太史公報任少卿書所言

「究天人之際，通古今之變，成一家之言」的三句話。天與人是有一邊際的。這一邊是天，那一邊是人，這兩邊的交界在那裏？究盡人事的一邊就是自盡在我，只問我們人的一邊，不再去問那天的一邊了。這像是分天人，其實還是一通天人，只看「天人之際」四字，便可知天人還是一體的。這裏面有甚深道理，我暫不講。

人生是有古今之變的，要把此變來通為一體。讀歷史不能只懂古代不懂現代，亦不能只懂現代不懂古代。現在大家喜歡講「變」，我們中國古人亦講變，但在變之上又要講一個「通」。人生一切變上，還要講一個通，這就通到天的一邊去了。天只如一自然，人生一切變，不亦變不出那自然的範圍嗎？所以通了古今之變，就明白得天人之際了。大概司馬遷意思是這樣。至於成一家之言，我上一講已講過，此處不再講。

司馬遷是中國一史學家，但他亦已講到究天人之際。可見「通天人」是中國學術思想界一共同大觀念，誰亦不能避去不理。我今天不能把中國各時代、各家的思想內容，來講通天人，只想舉幾句話，做個例來講中國的通天人。這樣簡單一點。

四書裏中庸的第一句，就說「天命之謂性」。天所命與你的，就是人之稟賦，這就叫做「性」。人受了此性，這就在人之內有了一份天，即是說人生之內就見有天命。這不就是通天人了嗎？所以中國人特別看重此「性」字。我此次來講中國的國民性，就是這意思。為什麼你的性這樣，他的性那樣。中國人的民族性這樣，西洋人又不這樣。這需要拿天時氣候、山川地理、歷史傳習種種，會合起來講。簡單說來，這即是所謂「天命」。天在那裏，就在我本身，就在我的性。我的性格，就是天的一部分，我們人就代表著天了。可是一個人只能代表天的小小一部分。你是一女子，便是天性之陰。你是一男子，便是天性之陽。人分陰、陽，天亦分陰、陽，如晝夜、寒暑等。中國的陰陽家便喜歡從這裏講去，此處不詳說。

現在講到中庸第二句，「率性之謂道」。性可以講是天性、人性，道亦可講是天道、人道。「率」，遵循義。遵循你的天性而發出的，便是人生大道，亦可說是自然大道。飢思食，渴思飲，寒思衣，倦思睡，都是率性，即都是道。違背人性，就非道。魏晉清談講坦白，講直率，把你的內心坦白直率表現出來，這就偏於道家義。儒家言遵循，功夫便要細密些。但儒、道兩家實還是一義，都是通天人。或許一個種田人更比一個讀書人較能近於道家言的率性，而一個讀書人則需要懂得儒家言的率性。所以儒家要講修身，而道家在此則不多講。換言之，道家重在講自然，儒家則更注重在講人文。「率性之謂道」，亦即是「天人合一」。

現在再講第三句，「修道之謂教」。人道需包括天時地理及社會人群，故需隨時隨群而修。周公所講的道，孔子出來修，以下仍需不斷有人起來修。此便是「修道之謂教」，亦即是司馬遷所謂「通古今之變」。有變便需有修。但儘有修，還是這一道。這是中國人思想。

西方哲學家重在求真理，故說：「吾愛吾師，吾尤愛真理。」但照中國人想法，真理只有一個。真理中固有變，但更要的，在變中有通。照這樣說，中國思想似更近於西方的宗教，亦近於西方的教育。但西方宗教偏於天，西方教育偏於人。而中國的思想家，倘使是一哲學家吧，他應該同時又是一宗教家，又是一教育家；需得三位一體，才成為一中國的思想家。

修道之「修」，有修明義，有修正義。周公講的道，孔子起來修明修正。又繼續有孟子、董仲舒起來把孔子之道修明修正。另一面說，莊子、老子亦來修正孔子之教。所以中庸開始的三句話，實是含義無窮。其實中庸書裏，已夾雜有了莊老道家思想在內。中庸和易傳是儒家的兩部晚出書，都應在孟子以後。所以到了魏晉南北朝，道、釋兩家盛行，大家就都看重易、庸這兩部書。我這裏只把中庸開始三句話來講中國人觀念中的所謂「通天人」，我想這樣已經夠了，不再多講。

八

現在我講「合內外」。這句更難講。人生不能無邊無際儘向外。今天的科學，只是向外尋求，漫無止境。但儘向內，如佛學，所求亦無止境。向內向外，同一無止境。所以我們不應偏向內偏向外，我們應該內外合，始是人生一眞境界。這是中國人的想法。

梁漱溟講「東西文化及其哲學」，他不用「內外」二字，只說西方人進一步，印度佛教退一步，中國人則不進不退。這在修辭上有毛病。我想，他的意思或許亦是說，西方向外，印度佛教向內。而照我想法，中國人則求合內外，乃一持中態度。向內向外，其實都是向前。而中國人的持中態度，乃一可止之境，並不需漫無止境的向前。我與梁氏意見可能大體相同，只是我的說法或許更恰當些。

上面講通天人是從大處講，從一般處講。此刻講合內外是從小處講，把我們的日常行為加進去，或許更要精細切實些。我亦照剛才說法，舉一個例來做說明。剛才舉的中庸，現在舉大學。大學、中庸，朱子把來與論語、孟子同編為四書。可見大學一篇，受中國此下人之重視。格物、致知、誠意、正心、修身、齊家、治國、平天下，乃大學中之八條目。格物乃八條目中之第一項。而大學本書對「格物」二字並未詳加說明，所以朱子又特為加進了一段格物補傳，成為此下學術界爭辯討論一大問題。

先說朱子注大學格物云：「物，猶事也。」今天我要幫朱子這四個字做一疏。「物」不專指外面自然的無生物、有生物言。一切物都有它的活動，「事」字則即指其活動言。

今天我們中國人都認為「格物」兩字近於西方的科學。科學最先講「物質不滅」，質是永遠不滅的。每一物都由各種分子組成，分子不滅，即是物質不滅。但他們研究到最近，分子仍可分為電子。電子乃是一動態，是能，非質。而電子的動態又有兩種不同的動法，我們拿陰、陽二字來翻譯，稱之為陰電子、陽電子。所以在科學上，已不再講物的質，而講物的能。物到最後是個能，不是一個停止存在的「質」，而是一個變動不居的「能」。於是西方科學家的觀念乃大變。「物質不滅」應改為「物動無止」，這就與朱子「物猶事也」四字的講法一樣。事就是一個變動不居的動態，可證朱子講格物是要格每一物之動，即是格每一物之事。換言之，乃是要格每一物之能，亦即是格每一物之性。宋儒又說：「性即理也。」那格物便是格一物之理了。直到明代，王陽明不注意此「物猶事也」之一注，而來格庭前竹子，試問如何格法？

譬如這一茶杯，放在桌子上，這是一件事。你能不能拿桌子放在杯子上，這是另一件事。格物是要格這些事。你拿一個杯子與其他一切物分開孤立來格，就無可格了。深一層講，亦可以格。如此茶杯慢慢不成一個杯子了，疏了、鬆了、壞了。為什麼？這不是仍可格嗎？但這還是格這茶杯的事，還該照朱子的注去格。朱子說：「即凡天下之物而格。」於是王陽明就來格他庭前的一叢竹子。除了竹子的事，試問又如何格法？

朱子亦曾格過竹子。朱子聽一道士講竹子夜間生長，日間不生長。他一天曾住在一和尚寺裏，閒著無事，晚上去量竹子，明天又去量。他說：「這道士的話靠不住。」但今天西方有一科學家，他的說法和朱子所聽到的那個老道士的話一樣，說竹子晚上長，白天不長。我不知道往年朱子格的對，還是今天這個西方科學家格的對。總之一句話，格竹子要這樣格。即是格竹子之事。格一切物都這樣。如格一國的治亂，一民族的盛衰，都即是格物。如不講治亂，不講盛衰，但說一國家一民族，又如何去格？

我們講空間要加進時間，即今天我們所謂的「四度空間」。我們講時間亦得加進空間。不加進空間那時間即無存在，又怎麼去講？古往今來，時間空間是一體存在的。所以朱子說：「物猶事也。」

照朱子所說去格物，才能「致知」，便是增加了我們的知識了。

怎麼叫「知識」？要接觸到萬事萬物。接觸到某件東西，你對這件東西才能有知識。接觸到某件事情，你對這件事才能有知識。對外面事物如此，對人群本身亦如此。小範圍如對家庭鄰里，大範圍如對天下國家。大之如天下興亡，國家治亂，皆需格，才能知。知識是由心在內，接觸到外面事事物物而有的。知識不能向內求，應向外求。但知識在心，是在我內部的，這便是一合內外。

西方人求知識太過偏向外，但實際上仍是由內而發。如為要求大量殺人，才發明出原子彈。但這些知識，實在要不得。豈能為要大量殺人而去求知識呢？重在只向外面物上求知識，便有此毛病。印度佛教要人轉身向內求，離開外面事物，便成一無所知，亦有毛病。今天西方科學家做的是格物致知，但太偏向外了。

朱子說：「讀書亦是格物。」其實讀書亦即是格事。只照朱子意，便轉向人群本身。如讀論語，你才懂得孔子其人，及他的思想，乃及其時代。如讀莊子，你才懂得莊子其人，及他的思想，乃及其時代。不讀中國歷史，又怎麼知道中國的治亂興亡呢？所以有自然學，便該有人文學。而人文學的重要，則更過於自然學。你對人文學方面能「格物」「致知」，才能進而講「誠意」。講到「意」，便比「知」字更進入到內部去。

我們且不空講道德、空講修養，單舉「誠意」二字來講。我舉個例，如講孝，便該誠意孝。你早上請父母親喝杯東西，需懂得這杯東西對你父母親合於營養的條件沒有。你不能對這杯東西毫無知識，便說，這是我對父母親的孝心。萬一你父母親吃這杯東西吃壞了，你便是雖有孝心而不誠，實際上竟可是你的不孝。所以一切道德，都該有與它相配合的一套知識。孝，不單是你的在內的一番心，還需有在外的一番事、一套知識。這不是合內外嗎？我們現在講道德，專從心上講。你說我心十分的誠，但沒有了外面事的知識，你心便不誠。換言之，便是不成為你的心了。你的心亦需合內外而始成。

陽明先生似乎並未深懂得這一層。他先是格庭前竹子不通，自認為他沒有做聖人的這分聰明與智慧，他轉意去學道家的長生術。到後來，他被貶到龍場驛，發明他「致良知」的講法。他曾說：「誠意是學問的大頭腦處。」又說：「僕近時與朋友論學，惟說『立誠』二字。殺人須就咽喉上著力，吾人為學當從心髓入微處用力。」他這些講法，拋開了格物，轉來講誠意。他自謂把握到了人的心髓入微處，其實是有些偏向於內了。

諸位，我們那一個不誠意要愛國家、愛民族呢？即如毛澤東，他亦想，中國由我開始變成一個理想的世界第一等強國。他何嘗存心要害國家、害民族？結果毫無成就。我們只能說他意不誠。不先致知，又烏能立誠？

但諸位又須知，我不是要把中國觀念來變成西方人講法。朱子講大學格物，固然有一些好像近似西方人講法。而陸象山、王陽明，則好像偏重在心的內部講。朱子所以說象山近似禪學，這就說他太偏向內了。

老子曾說：「五色令人目盲，五音令人耳聾。」這是戒人不要太過偏向外。若使外面無聲無色，你的耳目聰明亦不就不存在了嗎？所以莊老道家，還是中國人觀念，還是要合內外。只不過比較孔孟儒家言，不免又稍偏了些。

所以「通天人、合內外」這六個字，是中國思想的大總綱，是歸本回源的大問題。通天人是知識問題，亦有行為。合內外是行為問題，亦有知識。當然陽明講「知行合一」，這個是中國傳統的一個大道理。知識一定要包括行為，行為一定要包括知識。倘使諸位將來研究中國思想，無論研究那一家、那一派、那一個時代，這六個字，我認為是中國思想裏面一個主要的內容。

九

「統之有宗，會之有元」，就統會在這「通天人、合內外」的六字上。今天我的所講，可能到明天、後天，幾百年、幾千年以下，只要是從中國觀念所發出的中國思想，怕仍還在此王弼講的「統之有宗，會之有元」，與朱子講的「通天人、合內外」的兩個話題上。

合起來講，可以說我三次的講話，從性格、行為、思想三方面，整個會通起來看，就見我們中國人的國民性。今天在座的諸位，試各自問，我們還仍不是一中國人嗎？所以我請諸位對我這三次的講法，還該細心考慮才是。

五　中國人的文化結構

一

上三次講演，是從人、從事、從思想三方面，來講中國的國民性。可以說，是從人生的總體，來講中國人怎麼樣變成為這樣的中國人。我認為，是由於中國人的天性。今天所要講的，是中國人的文化。從中國人而發展形成的一種中國文化。

「文化」二字，從西方說來，是一個新名詞。而在中國，則此一詞已甚古老。易經上說：「觀乎人文以化成天下」，不就是今天我們所說「文化」二字的意義嗎？簡單說來，文化是我們人生大的總體，一切人生都包括在內。我們要研究文化，就先該認識文化。要認識文化，就該認識文化的各部分。文化的大體系，是由其各部分配合成的。所以研究文化，應該講文化的結構。文化是由其各部分相互配合結構而成，不能不明其結構，而單來講文化精神、文化體系，這是空洞的一句話。

我主張在今天，我們研究一切學問，都應該有一種比較觀。今天西方人講比較文學，這是現代所需要的知識。文學我們應該比較，哲學、歷史，乃至於其他一切的學問，都應該有一種比較。我們講文化，亦應當有一比較。而這種比較，主要應從其結構處來講。

譬如講文學，中國有文學，西方亦有文學，文學同文學當然可相比較。而文學亦是文化中間的一部分。中國文學在中國文化體系中，它所佔的地位，或者說它的意義價值，從文化的結構來講，與西方大不同。

我認為今天以後，研究學問，都應該拿文化的眼光來研究。每種學問都是文化中間的一部分。在文化體系中，它所佔的地位，亦就是它的意義和價值。將來多方面這樣研究，配合起來，才能成一個文化結構的比較論。這項工作，當然不是一天一個人所能完成的。我們要經過若干年下去，全世界各方面的學者，都朝這個方面去研究，慢慢才能有清楚的文化比較。

今天我來講人類文化，我認為應有四大部門，就是宗教、科學、道德和藝術。亦可以說是古今中外，中國人、外國人、古人、今人，乃至將來的人，一切人生都不能缺少這四個部分。可是這四部門在各個文化體系中間，它所佔的地位，以及它的意義與價值，是各不相同的。我今天就想專舉這一層，來簡單地講一下。

大概西方文化比較重要的是宗教與科學，而中國文化比較重要的是道德與藝術。這是雙方文化體系結構的不同。

宗教與科學兩部門，有一共同點，都是對外的。宗教講天，講上帝；科學講自然，講萬物；都在人的外面。而道德與藝術都屬人生方面，是內在於人生本體的。道德是由人生內部發出。中國文化裏講藝術，亦由人生內部發出，與道德是大致相同的。所以西方文化精神偏向外，中國文化精神則偏向內。這是我今天姑且這樣講。其實中國文化是要合內外，這我已在上一堂講過。只把中西雙方比較來說，亦可說道德藝術是偏向內。這層請諸位善加體會。

二

宗教與科學雖是同向外，而中間有一相衝突處。這一點是近代西方文化所遇到的最大困難一問題。承認了科學家所講的天文學，便再不能承認宗教裏講的拿地球作宇宙中心的觀念，這是宗教裏的天文學，不可能再存在。試問上帝在那裏？愈照現代科學的天文學研究下去，便愈不可想像。這是科學同宗教衝突的第一點。

又如講科學裏的生物學。倘如達爾文的「生物進化論」能成立，那麼亞當、夏娃在上帝那裏犯了罪，被貶到世間來，才有了我們人類，這說法就不該再存在。這是科學與宗教衝突的第二點。

再拿第三點來講，有關靈魂與心的問題。試問人類生前一切有關心理方面的現象，與其死後能上天堂或下地獄的靈魂，究竟雙方有什麼樣的關係？此層現在西方人尚未詳細講到。即退一步言，在西方的科學觀念中，人類是否有靈魂，是否有天堂與地獄之存在，亦尚都是問題。我有一本小書，名為靈魂與心，略述中國古人對此方面的意見，諸位可參考，此處不再講。

總之一句話，論到西方文化的結構，似乎不可能有了科學，便不再要宗教。但今天西方科學日益發展，而與宗教信仰處處衝突，遂使宗教信仰日益淡薄，此是一不可否認的事實。怎麼樣來挽救，這是今天西方文化的一大難題。

三

講到中國文化，我提出兩點。一是道德的，一是藝術的。道德與藝術，都是人生內部自發的，而這兩個亦是內在相通的。我可以先講一個結論。最高的道德，就是最高的藝術。最高的藝術，亦即是最高的道德。我們不要認為道德是一種拘束，是一種教條。用俗話講，道德是個規矩，方的圓的。這樣叫做方，這樣叫做圓，是有一定的。從其表現在外面的形式來講，這不即是一種藝術嗎？當然科學亦要講方圓，但科學與藝術則不同。這一層待我在下面慢慢講。這人不規矩，譬如方桌不方，圓桌不圓，這就是不藝術。所以沒有不道德的藝術，亦沒有不藝術的道德。

先講第一點道德。先把道德與宗教做一比較。中國文化體系內，亦並非無宗教，古代就有，直到今天還是有。然而在文化結構中，不成一要項，沒有它重要的意義與價值，它的地位並不重要。但不能說，中國文化裏無宗教。宗教最重要的成分是信仰，中國人講道德，有仁、義、理、智、信五常，「信」字亦在內，但佔末一位。今天我們拿西方哲學觀點來講，中國思想裏這一「信」字，就像沒有地位了。我們只講仁義，講理智，不再去講「信」字。因西方在宗教中講信，而在哲學中便不講信。而中國講五常，「信」字明在內。

舉孔子來講，孔子說：「天生德於予。」這是孔子的自信。就是所謂「通天人」。孔子說，我的德是天生給我的。這自信之高，可以拿來同耶穌比，而同耶穌的講法不同。我們不需詳細講，這是一種信。孔子又說：「知我者其天乎！」孔子這句話，似乎很誇大，但此又是孔子的自信。全中國沒有人懂得他，他說，懂我的除非是天，是上帝了。不僅普通人不懂，連孔門七十子亦都不懂。孔子最欣賞顏淵，顏淵亦最能稱讚孔子，比起子貢、冉有、宰我這許多人高得多了；但他說，我先生最後一境界，我不能懂。但孔子又說：「人不知而不慍。」因孔子自信天能知我，則人不知自不足慍了。

今再講「人不知而不慍」的「慍」字。慍，忿怒意。但比「怒」字要輕。如心裏生氣，怒氣重，慍氣輕。如溫水亦生氣，但比沸水氣少。人不知我，我連很少一點忿怒之氣都不生。這句話的意義容易講，但這一行為的境界則不易到。可見我們讀論語，不是一讀便易懂。或許我們一輩子讀它，還沒有真懂。所以中國人講思想，必兼有行為在內。如我在想孔子，即我在學孔子。學問、思想、行為是連在一起的。我在想孔子之所想，我在學孔子之所學，我要行孔子之所行。我讀孟子、莊子、老子書亦一樣。這就是孔子說的「述而不作，信而好古」。這裏面一「信」字很重要。這不是語言文字所能盡，不是邏輯所能辨，亦不是加上注解便易懂。要我們自己身體力行，到這境界，才能懂。

孔子又說：「後生可畏，焉知來者之不如今也？」人生無止境，前有古人，後有來者。我能知得古人，當前人不知我，又怎麼說後來的人都不知我呢？這又是孔子的自信。他信天，信己，又信人。信古人，又信後人。有了這番自信，才能達到孔子這樣的地位。這可見「信」字在中國人的道德修養文化傳統中的重要性。

照莊子、老子來講，又不同。老子說：「知我者希，則我者貴。」別人懂得我的少，便見我的價值高。這個話，同孔子的話一樣的自信。道家亦信天，故能自信，有些處亦信人。但由孔子講來，人情味更深更厚，更見得道德的意義了。

今天我舉出孔子說的四句話，「天生德於予」，「知我者其天乎」，「人不知而不慍」，「焉知來者之不如今也」。這四句，都在論語裏。這似乎又與我上一堂講的中國學術界「述而不作」的精神有不同。述而不作，似乎沒有了對己的自信。但上引的四句，卻又見其自信之深。諸位需把這兩面合起來想，要在你心裏自己慢慢兒一步一步去體會，這是中國人的所謂「思想」。要這樣想，不是要我自己想出什麼來。要想從前古人說的道理在那裏，這就是我的「信而好古」了。所以孔子雖非一教主，亦有一種宗教精神。他能信天，信自己，信古人，信別人，信後人，他有一番深厚的信仰。這不是一種

四

讓我再舉兩個較為淺顯的例。揚子雲亦是西漢末年一儒家，他本是一文學家，後來一轉，深好儒家言。那時是新朝王莽的時代。中國人對於政治，又有一個信念，千古沒有不亡的王朝。

我曾到北平去看清代的太廟，順治、康熙、雍正，一個個神位排在裏面。排到咸豐、同治，所佔屋內地位已差不多了。同治以下，還有個光緒，勉強排下。只有這樣大一座殿，似乎僅可放這些神位，這不是中國人的聰明嗎？現在我們硬要說中國政治是帝王專制，我請諸位去看看清代的太廟，他們早知道不滿幾百年要亡的，所以太廟的殿，亦只有這麼大。清朝皇帝早懂這個道理，去看的人亦懂這個道理，所以不覺得奇怪。

一個朝代如何亡，下面便是湯、武革命。你要下面不革命，你就該早學堯舜禪讓，你自己讓給人家，不等人家來革命。所以西漢時代的一般廷臣，都勸皇帝讓位。這就像世俗間的算命，命盡祿絕就該亡。漢朝皇帝聽了他群臣的話，就將王位讓於王莽。這在歷史上記載得明明白白。漢書的下半部，正是這個思想在流行著。

當時揚子雲寫了劇秦美新一篇文章，秦被革命如一劇，新受禪讓故可美。揚子雲本是漢臣，他學司馬相如作賦來稱美漢廷，遂獲顯用。他現在做了王莽新朝的人，年歲已老。當時一般知識份子，新的時代來了，大家要有所表現。或許揚子雲受了此時代劇變的刺激，更引起他對孔子的信心。於是獨一人杜門不出，學論語著法言，學易經著太玄。史稱其「下簾寂寂」，外面事一切不預問。他有一個朋友說：「你這太玄一書人家都不懂，又有何用？只能覆醬瓿耳。」揚子雲說：「不要緊，後世復有揚子雲，必好之矣。孔子說：『焉知來者之不如今？』今天生我一個揚子雲，難道後代不會生第二個揚子雲了嗎？第二個揚子雲生，他必會喜好我這書。」我年輕時讀到揚子雲這兩句話，眞不知自己感受之深。我並非十分崇拜揚子雲，然而這兩句話，我實在佩服。這就是一種宗教精神的信仰。

不到一千年，宋代出了一個司馬光，他對揚子雲的太玄佩服得五體投地，還學太玄來寫他的書，那眞是復有揚子雲了。若在揚子雲當年說這兩句話，要他拿出證據來，試問這證據如何拿得出？現代人講科學，都要拿證據，便見無信仰。連自己都不信了，更做什麼事？我告訴諸位，中國民族、中國文化，一定有它的前途，一定可以樂觀。諸位叫我拿證據來，我此刻就拿揚子雲作證。

我再舉一例，北宋歐陽修，他亦是一文學家。他亦為易經寫了一部書，名易童子問。諸位倘讀過歐陽修秋聲賦，便知就是這童子。他書中講十翼非孔子作，那童子怎麼會問他書中那些話。從孔子死後一千五百年來無人能說，他一人獨自來講，別人自然不理。當時有一個湖南人廖偁，這名字到今天我還記得，就因為歐陽修給他寫了一封信。他疑心歐陽修十翼非孔子作這個理論。從來沒有人講過，怎麼叫人信？歐陽修說：「不要緊。孔子到我一千五百年，從沒有人講過，就我歐陽修一人講，當然人家不信。可是下面再隔一千五百年，很可能出第二個歐陽修，同我一樣講法。這樣不只我一人講，有兩人講，就不孤了。再隔一千五百年，再出第三個歐陽修，亦同我這樣講法，這就三人成眾了。還怕沒人信嗎？」

我年輕時，讀了這一文，心裏受的感動眞不知如何說。諸位今天都講科學，但這是一種宗教精神，非耶教，非回教，非佛教，乃是孔子門下傳下來的一番信仰，我們可稱之為一種「人文教」。歐陽修死了，沒有多少年，就有人信他話了。明朝有歸有光信他話，我今天亦信他話。直到今天，還有人說，要懂孔子哲學，該讀易經裏的十翼，不該讀論語。我對十翼遠在五十年前早有辨，但別人不加理會，這又如何辦？那只有待第四個歐陽修出來再說吧！

諸位聽了這兩個故事，就知孔子所說「人不知而不慍」的道理在那裏。亦就知讀書不是一件容易的事。我常說，中國讀書人有一種宗教精神。我請大家問自己，你能信古人嗎？能信你自己嗎？又能信及後代的人嗎？你要別人捧你，就覺得自己地位高，別人批評你，你就覺得自己地位降，你這人又有何意義？有何價值？人生要有一自信。你光是自信亦不行，先要能信古人，信別人，信後人，才能有自信。這便是一種宗教精神。然而儒家絕不是一種宗教，我今天只講儒家道理中的一個「信」字。「信」字中間就有一種宗教精神，我所以特稱之為是一種「人文教」。但講中國的文化結構，則只重儒家便得，不必再講有宗教了。

現在我們中國人又要說外國有宗教，中國只有迷信。但我又要問，今天我們的中國人，只信外國，不信中國，這是宗教，還是迷信？中國的儒家精神最看重道德，道德又還是宗教、還是迷信？儒家所講的「五常」，便是一種道德精神。我今天只在五常中提出一「信」字來多講了。我又要問諸位，儒家所講的「信」字，是宗教還是迷信？我講中國文化結構，儒家外又必講到莊老道家。道家亦有所信，此處則暫不再講了。

五

現在再講到道德。韓愈原道篇說：「由是而之焉之謂道。」這是說，由這裏到那裏的一條路叫「道」。人生必有一希望，必有一理想，個人如此，大群亦然。如何達到此一希望與理想的一番行為，就是道。韓愈原道篇又說：「足乎己無待於外之謂德。」在我自己十分完備滿足，不必再等待外面的條件，這是德。所以中國人所謂的「道德」，要能由我一人，從這裏到那裏，不需外邊條件、外邊力量來幫助。道德是個人的。人人如此，又便是大群的。

如我們講孝，我需要孝就能孝，這始是孝道。孝要由你一人自己來負責的。若要等待外邊條件，那你自己就可不負責，別人怎麼又能來責備你不孝呢？孝道何以能由每一人自己負責，就因在他心中先已具備了孝之德，依之行去便得。他自己能孝而不孝，孟子說：「是不為也，非不能也。」道德是一種行為，而非一種才能，所以該他自己負責。

這不是一番哲學，而是一個信仰。諸位要能信「天命之謂性」，「天生德於予」。我那一份孝心與孝德，從我生下，上天早已付給我了。諸位信不信呢？諸位若信得及此，諸位便當知，我們的希望與理想便該有一限制。如你希望孝，便得孝。但你若希望富與貴，便該有外面的條件，不是你有希望便能達到。中國古人說：「有志者事竟成。」這要看你之所志。志於孝，可以竟成一孝子。志於富與貴，難道亦都能成一富人貴人嗎？所以有志富貴，亦可說是一種不道德。

現在我們又常要講環境，就是講外面條件。中國人的道德精神，所謂「君子無入而不自得」，是不要講環境的。難道你生在像周公的一個家庭，便需孝；生在像舜的一個家庭，便不需孝了嗎？舜生在這樣一個家庭環境中，他要孝，他便能孝。這就是中國的道德精神，亦可說是中國的文化精神。再換一句話講，亦便是我上一堂所講，「通天人、合內外」的道理。且待諸位自己再去體會吧。

現在我再另舉一層來講。周公之父為文王，舜之父則為瞽叟。文王乃是一聖人，但瞽叟還是一瞽叟。不能說由於舜之孝，而瞽叟亦成為一聖人。亦不能說瞽叟不成為一聖人，即是舜之不孝。可見中國人講道德，重要在盡我一己之心，完成我一己之德，外面的功效亦可置之不問。這一種精神，顯與科學不同。科學是要有外面功利作條件的。即言宗教，如靈魂上天堂、下地獄，亦把外面的功利作為一種主要的計較。若從中國人的道德觀念來講，即此便是一種自私自利的打算，亦便就是一種不道德了。中國古人即以此意來批評佛教。那麼其他一切宗教亦將避不了這一批評。

所以道德絕不計較功利。然而中國人卻又深信，惟有道德始是人群中最有功利的。雖以瞽叟為父，而有舜之孝。雖以商紂為君，而有比干之忠。家破可以出孝子，國亡可以出忠臣。家可破，國可亡，而忠孝大德一樣可以存在。既有忠孝大德，則家破可以復興，國亡可以復存。人類之所以與天地常在，則惟道德之是賴。所以道德乃成為人類最大功利之所在。這可說是中國人的一種宗教信仰，亦可說是中國人的一種人文科學了。

六

現在我們要講到藝術。在中國，藝術與道德差不多，竟可說是一而二，二而一的。讓我舉一例。如六藝中的「射」，你站在這裏，箭靶子放在那裏，你從這裏放箭，射中那靶子，不是一種藝術嗎？倘你射不中，你不能怪你站得不對，又不能怪那靶子放得不對，只能怪你射法不好。一切應反求諸己。這不是和我上面講的忠孝道德的道理是一樣的嗎？

我對藝術一項，想比較要多講幾句話。儒家多言道德，道家多言藝術。中國從民初新文化運動以來到今天，中國的一切都受批評，都要打倒；只有藝術一項，沒有批評到。沒有說，中國人寫的字不好，畫的畫不好。我想，或許是我們現代中國人看輕了藝術，未加批評。到今天，外國人未受影響，尚都看重中國的藝術。不過他們亦只以西方藝術的觀點來看中國的藝術，對於中國文化傳統中所特有的一套藝術精神，他們亦未能有所窺見、有所發揮。

我今天且不講中國藝術究竟是什麼一回事。而特別要講的是，我們中國人的人生是一個藝術的人生。我想且從淺的地方講，我們就講衣、食、住、行。物質人生就是這四個字。中國人穿衣，在全世界可稱最藝術的。如絲如綢，中國古代就有。到今天為止，衣料還沒有比絲織品更美觀更舒服的。其他毛織品、棉織品，以及科學上的種種新發明，都不能比絲綢更美觀、更舒服。品質以外，再講體裁。中國人冬天穿長袍，比外國人穿大衣來得舒服。我曾在美國，適遇嚴冬下雪，內穿襯絨袍，外加厚棉袍，在街上走，既輕鬆，又無畏寒態。外國人見我都稱讚。大衣掩不住脖子及胸前，要結領帶。中國人穿長袍，不需領帶，又是一舒服。中國人的衣，我不想多講。

再講中國人的「食」。全世界人都喜歡吃中國菜，這亦不必多講了。但我只想講一句，中國菜是一種和合味，而西洋菜則多是一種分別味。即此一端，便可見東西雙方文化之不同。

我今且專就喝茶一項來講。中國人喝茶，外國人喝咖啡，這中間亦有一分別。咖啡不脫一種功利觀，重在解渴，品味亦有限。中國人飲茶，早就超出了解渴一功利觀之上。我從小就喜歡喝茶，二十幾歲到杭州西湖，一天清晨有空，和一朋友跑上半山一茶舖，去買龍井。茶舖裏人問：「你要買多少錢一兩的？」我兩人眞都是鄉下佬，說：「你們龍井有各種價錢的呀？」他們給我們一張價目表，價錢多到多少錢一兩，少到多少錢一兩。我們一看，不懂了。一樣是龍井，有這麼多等級嗎？那商人卻很好，他說：「這講不明白，你們高興坐下一嚐如何？」這就眞所謂「品茶」了。最低價的茶，他不拿來。先嚐的是普通茶，等一會兒再嚐中級茶，又嚐中上級的茶，最後嚐他們的上品茶，還不是最好的。我們如此喝了，才懂得茶品不同。這不是言語所能表達的，亦非讀參考書所能瞭解的。一切人生都如此，要你自己去躬行實踐才知道。這就叫做「學」。如飲茶，要你親口嚐。我經過了這一早晨，才懂得飲茶。這時我是在鄉村小學教書。

後來到中學，有一位同事教英文的，他喜歡飲午後茶。一人寂寞，常邀幾位朋友同喝。他親自煮水，臨時泡。泡的是蓋碗茶。一碗茶必連泡三次，茶味始盡。數友中，唯我一人必去。如是四年，我對喝茶才眞有了功夫。才懂得飲茶不僅要講究茶葉，還得要講究泡茶的水，以及煮水的火候、裝茶的壺與杯，乃及飲茶的人和地和時。所以飲茶才成為人生之一事，亦可說即是人生一藝術。孔子說：「學而時習之。」飲茶亦該要時習。後來抗戰軍興，到昆明到成都，雲南人、四川人，亦如江浙人般愛喝茶。到處有茶館，有好茶喝。乃成為抗戰時期逃難人生一好消遣。

後來我到了美國，美國人知道我是一個道地的中國人，在他們家裏請我吃飯，必問喝茶還是喝咖啡。我說喝咖啡。他們很詫異，說：「先生你喜歡喝咖啡呀？」我就說：「我在國內一輩子喝茶，我又想你們做茶定不如做咖啡好，所以我要喝咖啡。」在美國，咖啡總是一個味，沒有多少變化。英國稍好些。英國人亦能喝茶。他們喝錫蘭紅茶，亦有了百餘年歷史。加糖加牛奶，我亦喜歡喝。這是中國唐代的喝茶法。中國古人喝茶，亦如西方人喝咖啡般，最先是為解渴。用茶磚臨時切下一塊拿來煮，加牛奶加糖，或加鹽加其他別的配料，較比現代西方人喝咖啡複雜些。所以亦只喝一杯即夠。唐代有一人盧仝，能連喝七杯，名傳全國，稱為「盧仝七杯茶」。到宋代後就不同。就我所見，從南宋始有茶壺、茶杯。我們現在的飲茶法，大致是從明代起。連飲半日十數杯亦不妨。飲茶才成為日常人生中一消遣。我說中國人生之藝術化，飲茶正亦是一例。

喝咖啡在英法比在美國好，這因他們的舊文化比較保留得多一些。特別我喜歡在他們的鄉村僻處喝咖啡，或許會比在倫敦、巴黎遠好些。可見資本社會科學化，是會與藝術人生隔離更遠的。

我講一個喝咖啡的故事。我到羅馬，臨離前，我們的教廷大使來送我。飛機誤了點，我們吃過了中飯後還有餘暇。他問我：「這裏有一家最好的咖啡店，你去過嗎？」我說：「羅馬一家有名的咖啡店，幾百年來，歐洲各國的文學家藝術家多曾到此店，在店中的簽名簿上簽過名，我亦已去過。」他說：「不是，另有一家，我今陪你去。」到了這店，只有櫃檯，無桌位。我們即站在櫃檯前喝。他的咖啡是用幾種咖啡配合來煮的，配方祕密，只此一家。我友告我，倘袋中尚留有意大利錢，不妨在此盡買了咖啡。我依他言，買了一袋。既上飛機，同機人聞到咖啡香，直尋到我座位來。飛機從羅馬直飛香港，途中十餘小時，只在泰國停一下。我在飛機上長夜不能眠，但亦不覺渴。才知昨天午後羅馬城裏這杯咖啡真有力。但論其味，我總想，還不如中國的茶好。

諸位，我們要講人生的情味和價值，真不易。連我要講一杯咖啡、一杯茶的情味與價值，都不易講。中庸上說：「人莫不飲食也，鮮能知味也。」這是說，飲食之味已難知，人生之味更難知。那一個人沒有他的人生？那一個人沒有喝過茶，喝過咖啡？要講到知味，那是藝術，眞不易。這又那裏是一本哲學書、藝術書所能講呢？這就是我今天所要講的中國文化中的藝術人生，便是人生中一大藝術呀！

我再舉一例。中國人中最講究人生藝術的要推北宋的邵雍（康節）。他在洛陽城中的家，自名為「安樂窩」。試問，人生除卻「安樂」二字，尙有何求？亦不要做一聖人，做一賢人；亦不講什麼道德，你只要活得安樂，做一安樂人。這是道家言。但這裏面有一番大藝術。我選了一本理學六家詩鈔，所鈔的第一家就是邵康節。第二家是朱夫子，下邊是陳白沙、王陽明、高景逸、陸桴亭，他們都是有名的理學家。換句話說，都是道學先生。諸位倘有意去讀他們的詩，他們的詩中，都在講人生。每一首詩，你讀來，都會覺得情味無窮。所以我要講中國人講道德和講藝術是一而二，二而一的。

現在我要講到「住」。要講中國的房屋建築，便該連帶講及園亭，又該連帶講到山水名勝的經營與構造。牽涉太廣，不好講。中國人說：「上有天堂，下有蘇杭。」要講中國的居住，最理想就在蘇杭。蘇州城中，每一故家大院，都附有園亭。舉其著名的，如唐有網師園，宋有滄浪亭，元有獅子林，明有拙政園，清有留園。這已綿延了一千幾百年。如網師園，較已殘廢。滄浪亭、獅子林、拙政園，一代有一代之勝。我們就可舉蘇州一城來寫一部中國的園亭史。講到杭州，只講西湖，自唐代白堤，宋代蘇堤，直到近代，到處名勝古蹟。一個西湖又經一千年以上的繼續經營而成。

再說到北平，這是中國一所最具美術性的大都市，亦已綿延了近千年之久。其他如山東的泰山、陝西的華山，中國一切名勝都具歷史性，都經歷代不斷的經營締造，我們一去遊歷便可見。中國的國民性中，深具有藝術性與和合性。亦可說，中國的藝術傳統便是一文化傳統。

講到「行」，我們又可說中國人在此行的人生上，是最富有藝術精神的。中國人最能遠行。遠從孔子、墨子周遊列國開始，直到清代之末，中國讀書人遠行數百里、千里以上，乃至行遍全國的，不知有多少。西方人在最近期，輪船、火車發明以前，學者名人，英國不到法國，法國不到英國，此是常事。而中國人之行，幾乎到處都能欣賞其歷史古蹟，山川名勝。甚至任何一城市，一鄉村，凡所到達，皆能見之詩文，繪聲繪色，美不勝收。即令千百年後的人讀了，有如身歷其境，而忘其行旅之苦。這不是一種行的藝術嗎？諸位試讀幾部中國大詩人的詩集，如李白、如杜甫、如蘇軾、如陸游，他們足跡所到，隨處有詩。讀他們的詩，就如在遊歷。尤其是中國歷史上有名的遊歷家，北朝的酈道元、明末的徐霞客，不論其在歷史地理上的貢獻，即言其風景描述之一項，亦就臻藝術之上乘了。恕我不能在這行的一項再詳講了。

七

現在再連帶講到中國人的文學。中國文學可說全部包含著具體眞實的中國人生在內。而今天我們講新文學的人，認為西洋文學是人生的，卻摒除中國文學於不論，只說中國文學是貴族文學，是官僚文學。難道貴族官僚便沒有他們的人生嗎？諸位讀詩經三百首，讀屈原的楚辭，都是具有極端人生情味的文學作品。從此以下，中國歷代文學無不具有深厚的人情味。有的是山林隱逸，有的是終老田園，有的是帝王卿相，所作題材各不同，而莫不是在敍述人生，而且是親身經歷的眞實人生。但近代模仿西洋，倡為新文學，反而於具體眞實的人生隔離了。

民國十三年，印度文學家泰戈爾來中國，這是當時中國提倡新文學界一大事。我曾在報紙上見到，上海張園曾開一盛大的歡迎會，有講演、有飲讌。又曾到其他各地。但除當時報紙外，惟有在前一年，徐志摩曾在小說月報登有泰山日出一文，說是對泰戈爾的頌詞。稍後亦尚有極少數幾篇，稱述到泰戈爾來華的，尚可檢到。但多空洞，不著邊際。我們今天要再求當時泰戈爾來華的實況，就會感到除卻再翻尋當年舊報紙，便無可追究了。這可說文學就是人生嗎？

即就徐志摩泰山日出一文而論，亦只是一篇空洞話來高捧泰戈爾。文中只有「東方」二字，比較像著一些邊際。究竟泰戈爾是怎麼一個人？他在文學上是怎麼一種成就？徐志摩文中亦復一字不見。這又如何說文學就是人生呢？泰山日出是中國古文裏一個老題目。如姚惜抱就有一篇登泰山記，把他當時觀泰山日出的眞情實況都載上了。古人吟詠泰山的詩更多。諸位試把凡講泰山日出的中國舊文學，來與徐志摩一文相比，便知誰切近了人生，誰隔離了人生。

我舉一篇舊文章給諸位聽聽。韓愈有一篇送李愿歸盤谷序，那是一歡送會，非歡迎會。許多人在長安送李愿歸盤谷，人各有詩，集合起來，由韓愈來加上一序。直到宋代蘇東坡說，魏晉南北朝只有一篇文章，就是陶淵明歸去來辭。唐朝只有一篇文章，就是韓愈送李愿歸盤谷序。這文如何値得這般稱讚法？我曾反覆讀了那文，絕不止數百遍。李愿其人，李愿其事，其中情味，如在口頭，可惜說不出。今請諸位且亦試去一讀，不要先罵中國舊文學不人生。我懂得中國人的人生，便由讀中國的舊文學來。我可說中國人生是藝術的，亦可說是文學的。其實文學還不是藝術嗎？

中國文學不僅詩、詞、歌、賦各體文章，還有作對聯、作匾的。譬如我們新亞的教職員休息室，稱為「雲起軒」。觸景生情，這匾不亦帶有文學氣味嗎？我遊蘇州的虎丘，有一茶樓，三面玻璃窗，可以向外展望。堂上懸一橫匾，題曰「其西南諸峯林壑尤美」。這是歐陽修醉翁亭記裏的話。你在此茶樓望出去，正是這樣。我幼年見此匾，後來才讀到歐陽修此文，知道歐陽此文是在皖北滁州寫的，搬來虎丘茶樓上用，恰是天造地設，眞令我莫名欣賞。現在我們只說中國文言文是死文學，至少我想歐陽氏這一句，到今天相距幾近千年，用在虎丘茶樓，還是活活的。

諸位想，我們輕侮古人，這算是那一種人生呢？我想將來中國要變，第一步該先變文學。文學變，人生亦就變。人生變，文化亦就變。我想要來一個中國舊文化運動，莫如先來一個中國舊文學運動。不是要一一模仿舊文學，我們該多讀舊文學，來放進我們的新文學裏去。儘可寫白話文，但切莫要先打倒文言文。今天我們不讀古書、不信古文，專一要來創造新文學、創造新人生，這篇文章似乎不易作。

今天我講中國人生是藝術的人生，我不能再拿中國藝術同西方的藝術來作詳細比較，沒有這個時間了。而中國的學問中間，特別是文學，是最人生的，亦是最藝術的。

八

又如繪畫。我認為中國人將來的畫，一定會大變。今天每一畫家必開畫展來賣錢，這就藝術而功利化、市場化了。我畫要迎合買畫人的心理，這畫的品必不高。中國從來畫家不開畫展，多送少賣。你儘送多少禮品，卻不一定給你畫。我舉元代四大家之一，我的無錫同鄉倪雲林為例。他家是一出名的富家。元代將亡，他離家出走，隻身在太湖邊，生活與漁民為伍。讀他畫，如親歷其地，親見其人，畫品、人品一色無二。讀中國書，需能想見其人。讀中國畫，亦一樣。欣賞西洋畫、西洋文學，可以不問其人。中國則不然，你必須瞭解其作品背後的人。這因中國文學與繪畫是更人生的。中國人作畫稱「寫意」，若我們只懂倪雲林的畫，不懂倪雲林的意，這就得其半、失其半了。

我很希望提倡中國的藝術，所以我在新亞書院曾特別創辦了一藝術系。我當時最想的，是要叫大家能懂中國畫，再進而懂得中國的人生。一言蔽之，中國的藝術就是中國人的人生。最高的藝術亦必是道德的。我請問諸位，諸位住在香港今天的這種環境中，如何做一個合理想、合希望的人？這不要一套藝術嗎？

九

我再講，中國的最高藝術理論都在莊子一書中。所以道家是偏近藝術的。中國的文學家，無一不兼通道家的。而儒家是偏重道德的。中國的文學家，亦無一違背了儒家的。倘使你們喜歡藝術，去讀莊子書，我勸你們亦莫忽略了論語、孟子。我此刻只在莊子書中舉出養生主篇的「官知止而神欲行」這一句話來講。「官知」之「官」，是指我們耳、目、口、鼻、心五官言。耳聽、眼看、舌嚐、鼻嗅、心知，這叫「官知」。這都需憑藉我們身體上物質的器官而生的。都要把來停下，才能「神欲行」。目欲視、耳欲聽、舌欲嚐、鼻欲嗅、心欲知，這些所欲，亦都是要接近外面物質的。但莊子所說的

「神欲」，是你精神內發的。既不憑藉物質，而它的對象亦不再是物質的，這才是藝術的最高境界。莊子意，官知與神欲，兩者中間有不同。其不同又何在呢？「神欲」是偏在先天一面，而「官知」則落在後天一面了。即在儒家，亦重心性之辨。莊子書裏的「神欲」，近似孟子書裏的「性」字。向秀說：「縱手放意，無心而得，謂之神欲。」這說莊子意固不錯，但孟子主「收放心」，兩者相較，孟子所陳義要更平實些、圓滿些。這是儒、道兩家的分別所在。所以我說，道家是藝術的，儒家是道德的。但是諸位倘果能深通莊子意，亦更會瞭解到孟子意。所以儒、道兩家，一正一反，得成為中國文化結構中之兩大幹柱，乃中國人生兩大精神之所在。我們若忽略了一面，終不會透徹盡那一面。

近代又有人說，莊老思想偏多講物，近於西方的科學。西方的科學有許多都從東方學去，譬如化學中的水銀，即從中國道家長生鍊丹術而來。但科學終是功利的，而中國道家的主要精神是藝術的。中國的藝術與道德，論其主要精神是應同屬於自然的、生命性的。故中國藝術的眞境界，亦絕不落於物質的、功利的方面。我們儘從外面看，絕不會得到其眞精神所在。所以我認為西方文化重在宗教與科學，而中國文化則重在道德與藝術。同樣含有對人與對物之兩面，而其精神則確然有不同。

六 結論

一

今天是最後的一次講演。我這六次的講演，可以說是根據中國的舊材料，來批評我們現在的中國。或許諸位認為我們今天希望改造一個新中國，不需要這許多舊材料來批評、來解說。可是這話，我覺得是有問題的。譬如說，我們要有一個合理想的新香港，我們只能根據舊香港來改造，而不能根據香港以外的好榜樣，如倫敦，來改造香港。倘如此般的改造，亦決不能改造得同倫敦一樣。倫敦有泰晤士河，香港沒有。這是講自然地理。倫敦有西敏寺，有白金漢宮，有國會，這是倫敦的傳統歷史所造成的。香港亦沒有。所以香港的改造永遠將仍是一香港，決不能改造成一個非香港。所以我們決不能採用另一個榜樣來改造香港。新香港的理想還在舊香港的基礎上。雖然我們請到許多專家來幫香港設計，但是永遠不能設計出脫離舊香港基礎的一個新的非香港。有了舊的，才有新。沒有了舊，亦就無所謂新了。

這裏有兩個大原則：第一個原則，我們必須根據歷史的舊傳統，才能希望發展出此下新的來。第二個原則，任何一種改造，只能寄託於少數人的身上。譬如香港，現有五百萬人，這五百萬人只能在那裏希望，我們要改造一個更好、更合理想的新香港。大家有一希望，但不能大家有一理想，即由此理想，而來設計改造。這不是多數人的事，是少數人的事。多數只能有要求，無辦法。我們講一個國家、一個民族的文化改造，亦是這樣。其責任不在多數，而在少數。

二

我們根據這兩個原則來講。譬如馬克斯，他寫他的科學的歷史觀，來主張他的共產主義。他的思想背景是在倫敦。諸位讀他的書，他所用的許多材料，都是根據倫敦當年報章雜誌所載有關各個資本廠家的種種內幕、種種的實際情形，才來發揮他共產主義的主張。

我們講「共產」，應分兩層來講。先是造產，沒有產要造產。而造產先要有少數人拿出一番資本來，有計畫、有機構的來造。這是少數人的事，非多數人的事。少數人的資本到後來愈來愈集中，到更少數人的手裏，到了少數中的最少數。而多數人盡成為無產階級，起來分產，把極少數人的大產業，由大多數人來分。而其先所憑藉造產的那一大筆資本及其計畫與機構，則仍然保留，可繼續照樣造產。只不過把極少數的主人，變為極多數的主人；把資本社會變為共產社會而已。必然先造產，再分產，這是馬克斯的理想。

列寧拿了馬克斯的理想，在俄國一並非資本主義的社會上去推行，這可謂牛頭不對馬嘴，與馬克斯的思想背景絕不相同。這等於拿了改造倫敦的計畫來改造香港。而列寧對俄國還是有貢獻的。他的貢獻在那裏？他借著馬克斯的共產主義打倒了俄國歷代沙皇專制的政治，把俄國社會開了一新生機。即如最近俄國的索忍尼辛，在哈佛大學講演，還很稱讚列寧，就為了這緣故。而他並不贊成史太林以下到今天的所謂「共產主義」。因為俄國本來產業少，一分產，變成了無產，就要拿共產獨裁來再造產。這是索忍尼辛所反對的。現在蘇聯所以不如美國、德國、法國，及自由世界其他國家的，就是他的產業不夠。

從蘇聯到中國毛澤東，毛澤東的政策亦要共產。所謂馬、恩、列、史、毛，至少應分三個階段。第一是馬克斯，第二是史太林，第三到毛澤東。中國又與俄國不同。其實毛澤東只學了史太林，沒有學列寧。列寧主要在政治改造，史太林才轉到社會改造。毛澤東主要亦在社會改造一條路上。中國社會比起俄國來更無資產階級，毛澤東起來要分產，結果使中國社會陷於破產，比蘇聯更不如。

今天毛澤東死後的中國共產黨要在破產後來造產。今日中國共產黨的大變實在此。但造產仍需憑藉社會上的少數來造，不能由一黨專政來造。這種改造必然仍是破壞性，而非建設性，這是一無辦法的。所以中國共產黨開始大叫要打倒英美帝國主義，而目前又要大批派送留學生到歐美去學科技，準備回來再造產。這眞所謂「南轅北轍」了。

今天大陸就希望再造產。但造產絕對是社會下層少數人的事。政治上層只能來加以幾許指示與限制，絕對不能由政府控制著多數來造產。從控制多數到崇尚少數，這在政治心理上先需有一大轉變。倘他們不先自覺悟，依然要專制來控制多數，要使這被控制的多數來造產，這是斷無可能的。

現在大陸上正在普遍大量的熱烈的來學英語。但要進國外的大學，光學語言文字是不夠的。他對美國講，我要派一千人或五百人去留學。這是一個外交上的談判，你同法國或德國都好商量。可是你派什麼人去呢？我講一個昨天才聽到的故事，是從大陸傳來的，不一定正確。他們派人出國要經過考試，但不光考英語，還要其他的知識。要學科技，當然最重要的是數學。學自然科學最基本的知識是數學，學人文科學最基本的知識是歷史，這是不同的。他出一個題目，$\frac{1}{2}$加$\frac{1}{2}$等於幾？那時十幾個人考，有一人答等於$\frac{2}{4}$。請問，照這般程度怎麼可到外國大學裏去學科技呢？大陸從文化大革命以來，到今天已十二年，整個教育制度亦已破產。大陸的一般中學、大學不讓知識份子去進，而是無產階級子弟的特權。不論知識程度，只講政治掛帥。倘使一個十二三歲、十四五歲的青年，經過文化大革命，到今天二十幾歲，他們決不曾受過正常教育，如何能派到外國去？他只能派在文化大革命以前的大學畢業生，因為從前的大學還比較像樣些。經過這十多年，或都在四十歲左右了。並且在文化大革命期間，還多數被下放，受了種種磨難。現在再要他們來為共產政權再造產，他們的興趣和信仰上應會大打折扣。這是今天大陸的大問題所在。可見一切希望、一切理想，都需根據現實作基礎。蔑棄現實基礎，便無希望理想可言。

共產主義到了蘇聯，到了中國，違反了我們前面所說的第一個原則，就是新的改革要根據舊的背景。在英國今天有個大問題。一百年前馬克斯在倫敦寫資本論的時候，正是大英帝國主義的殖民政策和其資本主義社會達到最高峯的時代。英國人當然亦受他的影響。但是經過了第一次、第二次世界大戰以後，殖民地沒有了，少數人的造產有了限制了，而多數人急乎要分產。造一份，分一份。造兩份，分兩份。罷工、怠工、要增薪，今天英國的資本主義已難再上進。甚至全世界其他高度資本主義的國家，都受了影響，他們的資本主義亦難急速的再上進。而且他們又都採用了社會福利政策，失業的人有補助金，退休的人、老年人，都有種種的公共福利的照顧。在美國罷工威脅沒有英國嚴重，而怠工的情形仍然免不了。雖其社會福利制度一天天在上進，然而它的經濟繁榮亦有了限制。這都是受了馬克斯思想的影響。

今天全世界工商業經濟最急速上進的，算是西德和日本。這因他們都是第二次世界大戰中的戰敗國，他們兩國的民眾都有一個共同心理，認為他們是站在無產的地位，所以大多數人肯追隨著少數人來造產。到今天，他們心理又不同。倘使再過幾年，他們的造產再往上，怕他們亦要走上遭受馬克斯影響的路。就是無產階級多了，有產階級少了，罷工、怠工、更要增薪的心理，亦會逐步加強。因此有了馬克斯的書，資本主義社會的發展有了一限制，不會無限制地發展下去。而蘇聯與中國的社會，則並不合乎馬克斯當時一套思想的背景。而他們亦要起來推行共產主義，宜乎是困難重重了。

如我們中國，要使小孩們從小學起，立刻再來一套新教育，經過中學、大學，再到國外留學，那要經過多少年！我們走錯了路，再回頭來重新起步。我們今天大陸再要開始造產，這條路相當迂迴、相當遠，然而目前只有這條路了！

三

再說我們的產有兩種：一是經濟的，一是文化的。經濟的財產要根據科學來造，而文化的財產當然亦要科學。但還需要像我上次所講，宗教、道德和藝術等各方面，都要加進去。這兩種產業不同，即「文化遺產」與「經濟遺產」不同。老子說：「既以為人己愈有，既以與人己愈多。」這是指文化財產言。我的把來分給了人，自己反而更多了。

譬如孔子，把他的思想學問來分與他的學生顏淵、子貢、曾子、子夏等人，孔子的學問思想反而會更增多的。孔子的學問思想不僅傳給當代，還傳給後代。我這六次講演，我認為亦就是接受了孔子一家的遺產。接受了多少，是另一問題。今天所謂「孔家店」，他做生意賺下來的錢，不是愈來愈多了嗎？今天我們中國人就要「打倒孔家店」，孔家店可以打倒，然而我們任何一個民族都應該有他的文化遺產，我們打倒了孔家店，我們的文化遺產幾乎全部損失了。我們的文化破產了，我們要從頭來再造一番新文化，這又待何年何月造成呢？

我們換一個人來講。譬如說耶穌，他生在猶太社會，他的教可以傳到羅馬，傳到歐洲，今天傳到了全世界。而特別重要的，諸位倘使學歷史，諸位看看羅馬帝國崩潰以後，為什麼到今天有這樣的歐洲？最大的力量還是耶穌教。諸位不能說專仗科學。科學亦有它的力量，而在西方文化體系中，所佔力量更大的，還是宗教。有個德國人寫了一本書，說，一般說中古時期是一個黑暗時期，後來才有文藝復興。但由他看法，歐洲人的黑暗時期怕在文藝復興以後，不在文藝復興以前。我們現在是拿科學的眼光來看歷史，拿資本主義的眼光來看歷史，因此認為下面是一路進步，上面是黑暗。這位德國作家，可惜我忘掉他的名字和書名。他認為歐洲人的黑暗時期在文藝復興之後，歐洲人所認為的黑暗時期反而是一光明時期。這個就是耶穌教在他們封建時期的一番大貢獻。倘使沒有這番貢獻，怕亦不會有下面文藝復興時期的來臨。我雖不信仰耶穌教，但諸位倘使研究西洋史，從羅馬帝國崩潰，一路看下來，耶穌教在他們歷史上的貢獻，是很顯然的。

就拿他們的學校來講，亦從耶穌教開始。如英國的牛津、劍橋，都由教會創辦。我當年到美國，曾詳細問過他們哈佛、耶魯建校的歷史，亦都由教會創辦。沒有教會，今天的西方教育從那裏來？他們大學最先分神學院、辯證的邏輯學院、醫學院、法學院，都是教會為民眾服務而開始創辦起來的。到今天，教會勢力慢慢從學校裏退出去，它的影響力逐漸少了。這是歐洲今天的一個大變化。將來如何，誰亦不知。但從他們的歷史來講，有本有源，教會的貢獻決不輸於科學的貢獻之下。

又如講佛教，本來在印度，後來才傳到中國，再從中國傳到朝鮮、日本及其他國家。這個產業就是剛才的兩句話：「既以為人己愈有，既以與人己愈多。」孔子的一套雖非宗教，沒有宗教的形式與組織，而有一番宗教精神。我想孔子傳下的這一套教義，只要有中國書、有中國文字的地方，將來會有人接受這一個傳統，不必一定是中國人。譬如佛教，可以有歐洲人接受。耶教，可以有中國人接受。孔子精神，當然亦可有中國以外的人接受。這是文化遺產與物質遺產、經濟遺產不相同的地方。

四

但文化遺產的保存與發揚亦要靠少數人，這是絕對的。孔子門下只有七十弟子，耶穌門徒只有十三人，其中一個還不能算。釋迦的最先信徒，今不可考，但絕然亦從少數開始，總之，經濟造產要少數人，文化造產亦是要少數人。而我們多數人都希望要做經濟造產的少數。你叫他發財，大家情願。讓他去試，眞能發財的還是少數。你要叫他文化造產，多數人不肯、不情願。

釋迦牟尼要人出家的，其實耶穌亦等於叫人出家。耶教在羅馬的地下活動，去聽教的人都是無產階級，到後來這個教才慢慢傳到政府去。在中國則大不同，去聽孔子講學的，都是知識分子。而孔子的經濟生活，「飯疏食，飲水，曲肱而枕之」。他的弟子顏淵，「居陋巷，一簞食，一瓢飲」。他們的經濟生活如此清苦，遠不能和當時一般富貴人相比。這種少數人在中國稱做「士」。但到今天，恐怕中國人已經不懂得從前的所謂「士」了。今天我們只稱「讀書人」，或稱「知識分子」，但都擔當不起一「士」的資格。

孔子說：「士志於道。」我們今天說耶穌傳道，這亦是對的。不過這是耶穌的道，非孔子的道。孔子的道與耶穌的道不同。我們先講這一點。耶穌說：「凱撒的事凱撒管。」他不問世事。其實當時的猶太人亦無法管羅馬帝國的事。所以凱撒的事只能由凱撒管。以下的西方「政」與「教」就分開。信教自由，在西方是由他們的政治界來講的。他們把教的一面讓給耶穌，這已是他們的寬宏大量了。而中國的孔子之道，則要干涉到政治，就拿大學一篇來講，格物、致知、誠意、正心、修身、齊家、治國、平天下八條目，一以貫之。治國平天下的事，那裏是專由凱撒來管呢？這是中國儒家與耶穌教義精神本源上不同之點。釋迦牟尼要人出家，他的教義連自己的身都不看重，要使全人類的人生全歸於涅槃。涅槃並非天堂，更不論國家與天下，這又是另一道了。我曾說，擔任孔子之道的「士」，是半個和尚，但亦可以說是雙倍的和尚。到寺廟裏去做一和尚，這容易。中國一個士，自身過了像和尚般的生活，還要來齊家、治國、平天下，這些都是我的責任，不是雙倍的和尚了嗎？不出家，而比出家更辛苦。這一「士」的精神，是中國所特有的。

五

而我們中國的社會呢？我們今天一天到晚爭論，是農業社會呢？還是工商社會？其實中國是一農業社會而又早進步到工商社會了。工商社會第一個標準就是有城市。西方人到文藝復興以後，在意大利半島、在波羅底海的沿岸，才慢慢到各地都有城市興起。我年輕時，看見一本德國人畫的地圖，全歐洲各個城市都一一注明它興起在那一年，這就等於是讀一部近代的西洋史了。

中國的城市分為兩種：一是政治性的，很早就有，至少在西周的初年，中央政府所在地，如酆都、鎬京。封建諸侯的所在地，如魯國曲阜、齊國臨淄，這些都是政治性的城市。到後來又有工商業的城市。如齊國的臨淄，則是政治、商業兼兩個性質的。趙國的邯鄲，其先是商業的，後來是商業、政治兼而有之的。又如陶，則是一純商業性的。再講到廣州，從秦代起，這一城市直到今天已兩千多年，這是一很古的城市。其他如洛陽、成都、蘇州、揚州等城市，都亦在兩千年以上。果使中國無工商業，那有這許多城市興起？

中國社會農業外，又有工商業，而上面更加一個士，成為一士、農、工、商的「四民社會」。「士農工商」四字，始見在管子書中。這書是先秦時代的晚出書，但那時的中國社會早已成為一士農工商的四民社會了。這「四民社會」四字，是我個人所提出的。全世界除卻中國，沒有這樣一種社會，管仲亦是一士。

在中國封建時代有兩樣東西，西方封建社會中絕對沒有。一是都市，一是士。西方封建時代的貴族只有堡壘，沒有都市。他們的都市興起，封建就崩潰了。西方封建社會中有教堂，離開堡壘中的貴族而獨立。中國的士，是參加進封建貴族而活動的。從管仲到孔子都如此。而孔子以後，就變成所謂「四民社會」。

自戰國直到清代末年，中國社會都由少數的士來領導、來教化。他們不事生產，不講究私人的家庭經濟。孔子說：「士志於道，而恥惡衣惡食者，未足與議也。」一個士應該志於道，就是從事於文化造產，再不顧慮到他私人及其家庭的物質生活。這就是我所說的，中國的士所有的一種宗教精神。他們的物質生活，則待社會來供養。這是中國文化的精神。

我們不講古代，講後代。如宋代的范仲淹，他是一貧家子。他父親死後，母親養不活他，再改嫁。他亦改了姓，不姓范，而改從後父姓朱。他在僧寺裏讀書，大家知道他「斷虀畫粥」的故事。但范仲淹在應試為秀才時，乃即以天下為己任，「先天下之憂而憂，後天下之樂而樂」。這不像一宗教信徒嗎？今天一個資本家，有誰在以天下為己任？這是中國的士。

到了明末清初有顧亭林，亦是中國一個士。他家與范仲淹不同，家裏有奴婢近千。他家是江南崑山一大富戶，但他一人離了家，避到北方。他說：「國家興亡，肉食者謀之。天下興亡，匹夫有責。」

他說的「國家興亡」指政治言，「天下興亡」指文化言。明代政府亡，這是政治問題，他不做官，不能負其責。而中國民族文化的責任，他雖是一匹夫，亦得負責。這亦是中國士的精神。

他兩個外甥都在清朝做了大官。但是我講過，中國人做人要有最高道德，又要有最高藝術。有了儒家思想以外，還要有道家思想。顧亭林並不明白不承認他的兩個外甥，這是他的做人藝術。有一天，一外甥在北京做相國的，請他吃飯，他亦吃得很高興。這個外甥就勸他再留下來吃晚飯，說：「我晚上派人拿燈送你回去。」顧亭林生氣說：「拿著燈晚上走路，不做小偷做什麼？」這話實在不通。但他外甥已心裏明白，其他的客人亦都明白，就讓顧亭林回去了。諸位去研究顧亭林的一生，像此類的故事，或勝過此類的故事，還很多。然而三百年來到今天，顧亭林對中國文化有大貢獻。這就所謂「天下興亡，匹夫有責」了。

中國人的所謂「士」的精神，不僅孔子及先秦儒家，乃及諸子百家，漢唐以來，宋、元、明、清一路不絕。中國亦一路是個四民社會。但兩千五百年一路有分別。這我不詳細講了。

六

中國由「四民社會」而產生了「士人政府」。由漢武帝以下，而確立中國歷史上的傳統政治，不是所謂神權，所謂皇權，所謂民權，像我上面講的英國西敏寺、白金漢宮、國會所代表的神權、皇權與民權，這是西洋政治的演變。在他們有所謂民主立憲、君主立憲、君主專制。到最後民主立憲算是他們最高的政治制度。英國民眾投票選首相，美國民眾投票選總統，只要多一票就當選。民主政治是崇尚多數的。中國人則並不講多數。中國古人說：「賢鈞從眾。」先論賢，再論多少數。所以我上次講邱吉爾的話，亦有他的道理。民主政治不是最合理想的政治，是從他們的歷史傳統演變而來的。倘使先來一番選賢制度，在眾賢之中從多數，不是更合理想嗎？所以民主政治並不是無往而不可行的。

政治由民主，教育便不能由民主。今天我在此地講話，諸位靜靜的聽。我講的對，講的不對，由我一人負責。不能要我服從多數，我便無法講。只有開一辯論會，但辯論會的多數亦不就是對。學術思想是少數人的事。政治上不得已可以講多數，其他社會一切不能講多數。甚至於講經濟造產，亦得讓少數人去造。講知識更是這樣。諸位進大學，香港政府承認的就只有香港大學和中文大學兩個。有幾個人能進？諸位不是少數中的少數嗎？諸位受了高等教育，社會多數便該來聽你們的意見。然而你們又該拿出什麼意見來讓社會聽從呢？該要有一番知識，並該有一份責任心，這就是孔子所說的「士志於道」了。中國社會大眾都能尊重士，信服士，而有士人政府的出現。這眞是中國文化傳統中一件絕大特出的事。

今天上午有一新亞同學告訴我，他近讀唐史，發現唐代宰相有一安南人。那時的安南，是屬於中國一個偏遠地區。但那裏的人，亦能進朝廷做宰相。因他當時亦是一士，經過種種考試制度、審核制度，而得晉升到如此貴顯的地位。這可見，中國的傳統政治亦另有它的一套。這需詳細研究中國的歷史與文化而始知。

倘使我們要研究中國歷史，研究中國的文化傳統，研究中國的四民社會，及其士人政府，其間又有怎麼樣的演變，這是一件大事。這是我們研究中國過去的一個中心題材。今天我可以說，我們讀書人已經不是從古相傳的士了。這個所謂「士」，今天我們並不看重，亦不瞭解。我們今天做一讀書人，只為謀職業。在政治上已無一定的出路，所以謀了職業便進而謀財富。要發財，發不了大財，發小財亦得。這是個人主義。那個來管國家天下大事呢？這就讓民眾多數了。但我問，不受高等教育的多數民眾，又誰肯、誰能來管天下國家大事呢？

西方從來沒有像中國一般的士來管政治，所以逼出他們的民主政治來。宗教家是不管政治的，科學家亦不管政治的，哲學家、文學家他們在政治上亦無一定的出路，所以他們亦都是不管政治的。史學家至少該懂得政治。但在西方，史學是最後才興起的，這和中國社會、中國歷史顯然有不同。這就是我說的雙方文化傳統不同。

今天諸位不懂尊重孔子，不懂怎麼來做一個士，不細讀中國歷史，只說中國是一個封建社會，有一個由皇帝專制的政府，全要不得。這下面又怎麼辦呢？空口說要「復興文化」，那文化又是什麼一會事呢？今天我們對以往的舊中國，已可說是全無知識了。那麼對以後的新中國，我問諸位又有什麼理想抱負呢？那麼我想要發財，便贊成自由資本主義的社會。我自問發不了財，便贊成共產主義的社會。怕只有這兩條路了，還有第三條路嗎？我們中國民族將來的出路究竟在那裏？這樣一想很可怕的。

我要告訴諸位一句話，資本主義的社會亦由少數人領導。你算算呢，美國的大富翁、大資本家有多少呢？甚至於無產階級專政，亦由少數人掌握。你說我們大陸的共黨政權，毛澤東、周恩來、劉少奇、林彪都已死了，今天出了華國鋒、鄧小平，這是少數中剩餘的。他們既沒有栽培下面的，他們的少數亦沒有了。諸位當知，國家民族應該由少數人負大責任，來領導多數。沒有多數來決定少數的。甚至於今天最民主的美國，屢次的民意測驗，贊成卡特總統的百分比降了，不到百分之五十，到了百分之四十幾了。最近更降了，到百分之三十幾。但大權仍在他手中，未到總統期滿，還得由他怎麼做。這亦不還是由少數來領導多數嗎？

七

我這六次講演所講的全是些舊材料，但對以後新活動至少有參考的價值。我認為中國人為中國的將來，一定不該輕忽中國的一切舊材料。而這個責任，則在今天少數中國人的身上。這少數人，從前中國稱之為「士」。將來你們縱不再承認有士，但是還得由少數人來負責、來領導。諸位今天已在少數人之列，諸位倘使喜歡像西方般的民主政治，拿出勇氣來，到街上去講演競選，這亦不錯。而我們今天的大學生，只要小職位，只要拿一份薪水養家活口。國家天下大事，則全置腦後，這又怎麼行呢?諸位已是少數，總要有人肯負大志，有大抱負、大理想才對呀!

我這六次講演雖極平常，但諸位不要僅當作一番空理論來聽，需能反而求諸己，立志來做一個民國以後新的士。總希望在諸位中，能再出一范仲淹，一顧亭林，這是我這六次講演的希望所在。我們的國家民族才庶幾有前途。

附錄

成立錢賓四先生學術文化講座
並迎錢先生返新亞講學

金耀基

一

新亞書院的創建是基於幾個讀書人的一個理想和信念。這個理想和信念就是要承繼中華傳統，創新中國文化。二十九年前誕生之時，新亞的經濟物質條件是極端地貧缺的，但由於這一理想和信念的推動，新亞的創辦人錢賓四、唐君毅、張丕介諸先生和先驅者卻在「手空空，無一物」的情形下，興發「千斤擔子兩肩挑」的豪情。

二十九年來，新亞歷經多次人事的遞嬗，制度的變革，出現了幾個階段的發展型態。每個階段的發展型態儘有不同，但對於新亞原初的理想與信念之嚮往則並無二致。今日，新亞成為中文大學有機的組成，坐落在山巖海深、地厚天高的馬料水之山巔，從歷史的發展看，新亞又進入另一個階段了。在現階段的新亞，我們自不能停留在過去，但我們相信新亞是發展的新亞，必也是歷史的新亞，我們從歷史中來，也向歷史中去。我們珍愛新亞的歷史，並且特別企慕新亞創始的文化理想與信念。

二

新亞作為中大成員書院之一，自與她的姊妹書院一樣，擔負大學共同的教育使命。但亦與她的姊妹書院一樣，應繼續發展其各別的傳統，建立其各別的風格與面貌。新亞今後的發展，途有多趨。但歸根結柢，總以激揚學術風氣，培養文化風格為首要。因此，我們決意推動一些長期性的學術文化計畫，其中以設立與中國文化特別有關之「學術講座」為重要目標。也以此，我們發起「新亞學術基金」之籌募運動。關於此，我曾於去年十一月提出這樣的構想：

「『新亞學術講座』擬設為一永久之制度。此講座由『新亞學術基金』專款設立，每年用其孳息邀請中外傑出學人來院作一系列之公開演講，為期二週至一個月，年復一年，賡續無斷，與新亞同壽。『學術講座』主要之意義有四：在此『講座』制度下，每年有傑出之學人川流來書院講學，不但可擴大同學之視野，本院同仁亦得與世界各地學人切磋學問，析理辯難，交流無礙，以發揚學術之世界精神。此其一。講座之講者固為學有專精之學人，但講座之論題則儘量求其契扣關乎學術文化、社會、人生根源之大問題，超越專業學科之狹隘界限，深入淺出。此不但可觸引廣泛之回應，更可豐富新亞通識教育之內涵。此其二。講座採公開演講方式，對外界開放。我人相信大學應與現實世界保有一距離，以維護大學追求眞理之客觀精神；但距離非隔離，學術亦正用以濟世。講座之向外開放，要在增加大學與社會之聯繫與感通。此其三。講座之系列演講，當予以整理出版，以廣流傳，並儘可能以中、英文出版，蓋所以溝通中西文化，增加中外學人意見之交流也。此其四。」

在理想上說，我們當然希望可以設立多個學術講座，但衡情量力，非一蹴可幾。在現階段，我們決定先以港幣四十萬元成立「錢賓四先生學術文化講座」。我們所以首先設立「錢賓四先生學術文化講座」，其理甚明。賓四先生為新亞創辦人，一也；賓四先生為成就卓越之學人，二也。新亞對賓四先生創校之功德及學術之貢獻，有最深之感念，所以，我們用錢賓四先生之名以名第一個學術講座。當我們宣佈籌設「錢賓四先生學術文化講座」之計畫時，立即受到新亞師生、校友以及大學內外友好的熱烈反應與支持。而本院許多校董先生更熱心文教，慷慨解囊。迄至此刻，「新亞學術基金」所籌之款雖尚不足成立講座，但本港商界兩位隱名人士得悉此講座計畫，又知講座第一位講者是錢賓四先生本人時，即捐出港幣貳萬元，使講座得以提前一年開始。這種種反應實在是很令人鼓舞的。更高興的是我們又獲得錢先生的首肯，接受我們的邀請擔任講座的首講者。錢先生為第一位講者，無疑使此講座大為生色，而且更賦予講座一特別的意義。

三

錢賓四先生不但創建了新亞書院，而且擔任了十五年的院長。在新亞開創階段，艱難萬狀，一九五六年八月一日錢先生在新亞書院概況序中有這樣一段話：

「新亞書院之創始，最先並無絲毫經濟的憑藉，只由幾位創始人，各自捐出少數所得，臨時租得幾間課室，在夜間上課而開始。其先是教師沒有薪給，學生無力繳納學費，學校內部，沒有一個事務員和校役，一切全由師生共同義務合作來維持。直到今天，已經過了六年時期。依照目前實況，學生照章繳納學費者，仍只佔全校學生總額百分之三十；學校一切職務，仍由師生分別擔負。全校仍然沒有一個校役。」

在他主持新亞這些年頭，錢先生說他是以曾文正「紮硬寨，打死仗」這二句話來打熬的。的確，當時的艱苦，書院隨時可以遇到絕機。但他常說：「只要新亞能不關門，我必然奮鬥下去。待新亞略具基礎，那時才有我其他想法之自由。」新亞在錢先生與師生的努力下，克服無數難關，漸漸得到了外界的欣賞與承認。一九五三年，雅禮協會代表盧鼎教授來遠東考察，對新亞的理想奮鬥，表示敬意與同情，並於次年，正式與新亞合作，開始了新亞的新里程。一九五九年起，香港政府也開始直接資助新亞。一九六三年十月十七日，香港的第二間大學，香港中文大學在社會各界的要求下正式成立。新亞與崇基、聯合兩書院一起參加中大，並成為大學的三個基本成員書院；這是新亞發展史上的另一個里程碑，也是香港高等教育史上的一個里程碑。這時，新亞才有了一個長久垂遠的基礎。而也就在這個時候，錢先生內心已決定要辭去院長的職務了。

四

錢先生辭職的理由，有的關涉到「現實俗世界」方面的，但也有是關於「理想眞世界」的。他在現實世界完成了創辦新亞的事業之後，他就決定回復自我，還歸眞我的面目。他說：「人生有兩個世界，一是現實的俗世界，一是理想的眞世界。此兩世界該同等重視。我們該在此現實俗世界中建立起一個理想的眞世界。我們都是現實世界中之俗人，但亦須同時成為一理想世界中之眞人。」

當新亞在困境時，他從未輕言辭職。待新亞有了基礎時，他就決定引退了。那時錢先生是七十歲，已逾了退休年齡，但他的精力決不需退休，他的經濟亦不可能退休。可是，他的辭意是堅定的。他根本就沒有計畫到此後個人的生活。他在一篇有關他辭職的演講中，講到一個關於僧寺的故事。這個故事是講廣東的虛雲和尚。他說：

「我在幾年前讀虛雲和尚年譜，在他已躋七十八高齡之後，他每每到了一處，蓽路藍縷，創新一寺。但到此寺興建完成，他卻翩然離去，另到別一處，蓽路藍縷，又重新來建一寺，但他又翩然離去了。如此一處又一處，經他手，不知興建了幾多寺。我在此一節上，十分欣賞他；至少他具有一種為而不有的精神。他到老矍鑠，逾百齡而不衰。我常想：人應該不斷有新刺戟，才會不斷有新精力使他不斷走上新道路，能再創造新生命。」

熟知錢先生與新亞的人，當會同意這則寓意深長的故事最形象化地刻劃了錢先生與新亞的關係。他蓽路藍縷，創建新亞，新亞既已辦好，他就翩然離去了。這正是他「為而不有」的精神。他離開新亞後，並沒有再去創一新亞，但他卻完成了跟創一新亞同樣有價值的工作。他在離新亞後幾年內完成了五大册的朱子新學案。我常覺得錢先生做人、做事、做學問，總是那麼執著，卻又是那麼靈空。擇善而固執是豪傑，「為而不有」的靈空則更是眞人了。

五

錢賓四先生已八四高齡，且困於黃斑變性症眼疾，不良於行。然先生猶肯越洋來新亞作一系列之學術演講，此可見先生對新亞之深情厚意，至老彌增。而先生之因講座來，更可見先生對新亞學術文化生命之重視，固無異於其創校初始時也。講到這裏，我們應該特別指出，錢先生此次之能越洋返校講學，實大有賴錢夫人胡美琦女士的專心照顧。原來，我們是很想請一位同仁去接迎錢先生的，但錢先生在信中、在長途電話中都堅決表示，由其夫人陪同即足。事實上，這許多年來，錢先生從日常起居到書函著作，無一不靠錢夫人的悉心照應。自與錢先生結褵以來，錢夫人無一日忘記自己學問之研究，今年且完成中國教育史一書。同時，更無一刻疏於對錢先生的侍候；錢夫人實在是一位難有的奇女子，這是我們在歡迎錢先生時不能不說的。

最後，我想再講一件極有意義的事。現在，錢先生不但來新亞講學了，而且他與夫人還帶來了朱子新學案的原稿，送給中大新亞的錢穆圖書館展藏。錢先生十四年前於辭職演講時，曾表示將來他會抱著研究朱子的書稿回新亞來。現在，他果然實現他的許諾了。我們認為這是一份無比珍貴的禮物。這份禮物的意義是學術性的，也是歷史性的。我們相信一間學府，貴能垂之久遠；要垂之久遠，則必須以制度為重，庶不致人在事舉，人去事息。但一間偉大的學府，則在制度外，還須靠人物賦予風格與精神。而最能傳人物之風格與精神者則莫如其書稿。我們能得到錢賓四先生的書稿，則五百年後新亞的後之來者，亦得於摩挲手稿之餘，想見創校者一番創校之苦心與理想，而有所奮發，而興見賢思齊之心，豈不美哉！這是我們在歡迎錢先生時又不能不特別一說的。

一九七八年十月二日

《錢穆先生全集》總書目

甲編

國學概論
四書釋義
論語文解
論語新解
孔子與論語
孔子傳
先秦諸子繫年
墨子　惠施公孫龍
莊子纂箋
莊老通辨
兩漢經學今古文平議
宋明理學概述
宋代理學三書隨劄
陽明學述要
朱子新學案（全五册）
中國近三百年學術史（一、二）
中國學術思想史論叢（全十册）
中國思想史
中國思想通俗講話
學籥
中國學術通義
現代中國學術論衡

乙編

周公
秦漢史
國史大綱（上、下）
中國文化史導論

中國歷史精神
國史新論
中國歷代政治得失
中國歷史研究法
中國史學發微
讀史隨劄
中國史學名著
史記地名考（上、下）
古史地理論叢

丙編

文化學大義
民族與文化
中華文化十二講
中國文化精神
湖上閒思錄
人生十論
政學私言
從中國歷史來看中國民族性及中國文化
文化與教育
歷史與文化論叢
世界局勢與中國文化
中國文化叢談
中國文學論叢
理學六家詩鈔
靈魂與心
雙溪獨語
晚學盲言（上、下）
新亞遺鐸
八十憶雙親師友雜憶合刊
講堂遺錄（一、二）
素書樓餘瀋